承久の乱

日本史のターニングポイント

本郷和人

文春新書

1199

はじめに

承久《じょうきゅう》三（一二二一）年、後鳥羽《ごとば》上皇（一一八〇～一二三九）は、鎌倉幕府の実権を握っていた北条義時《ほうじょうよしとき》（一一六三～一二二四）の追討を命じました。世にいう承久の乱のはじまりです。

教科書では、この承久の乱は次のように書かれています。

「1219（承久元）年、上皇との連携をはかっていた将軍実朝が頼家の遺児公暁に暗殺される事件がおきると、これをきっかけに、朝幕関係が不安定になり、1221（承久3）年、上皇は、畿内・西国の武士や大寺院の僧兵、さらに北条氏の勢力増大に反発する東国武士の一部をも身方に引き入れて、ついに北条義時追討の兵をあげた。

しかし、上皇側の期待に反して、東国武士の多数は源頼朝の妻であった北条政子の呼びかけに応じて結集し、戦いにのぞんだ。幕府は、義時の子泰時、弟の時房らの率いる軍を送り京都を攻めた結果、1ヵ月ののち、戦いは幕府の圧倒的な勝利に終わり、3上皇を配流した。これが承久の乱である。（中略）

この乱によって、朝廷と幕府の二元的支配の状況は大きくかわり、幕府が優位に立って、皇位の継承や朝廷の政治にも干渉するようになった」（『詳説　日本史』山川出版社）

私はこの承久の乱こそが、日本史最大の転回点のひとつだと考えています。

ヤマト王朝以来、朝廷を中心として展開してきた日本の政治を、この乱以後、明治維新に至るまで、実に約六百五十年にわたって、武士が司ることになったのです。

また地理的にも、近畿以西がつねに東方を支配してきた構図がここで逆転し、東国がはじめて西を制することになりました。それは田舎＝地方の在地勢力が、都＝朝廷を圧倒した最初のケースでもあるのです。

しかし、それほどの大事件であったのにもかかわらず、承久の乱とは何だったのかは広く知られているとはいえません。たとえば「天下分け目の関ヶ原」が繰り返し歴史小説の題材となり、数多くの映画やテレビドラマでも取り上げられているのに対し、その差は歴然です。あるいは『平家物語』でおなじみの源平合戦、『太平記』に描かれた南北朝の戦いと比べても、知名度はかなり低いのが実情です。

その原因のひとつには、戦争としての承久の乱が鎌倉幕府側の圧勝だったこともあるかもしれません。後鳥羽上皇が義時追討の命を下したのが承久三（一二二一）年五月十五日。

それが六月十五日には全面降伏の院宣《いんぜん》を出していますから、関東から京都に向かった幕府軍がほぼワンサイド・ゲームで勝ち進んだ、非常にあっけない戦いだったといえます。承久の乱の激戦地がどこだったのか、すぐに思い浮かぶ人はよほどの歴史マニアではないでしょうか。

実は、承久の乱の最大のみどころは実際の戦争が起きる前段階にあります。このことが広く伝わっていないから承久の乱への関心が低いともいえる。それは私たち歴史学者の怠慢でもあるのですが……。そもそも何故、承久の乱が起きたのか？　そこに至るまで鎌倉幕府と朝廷の双方で何が起きていたのか？　そこでは血なまぐさい権力闘争がこれでもかというほど繰り返され、経済と政治のパワーゲームが展開されました。それはヤクザ映画の名作『仁義なき戦い』に勝るとも劣らない凄まじさだといえます。

なぜ鎌倉幕府は圧勝したのか？

以下の章では、その歴史のドラマを詳しく述べていきたいと思いますが、その予告編をもう少し。

冒頭でも述べたとおり、承久の乱を仕掛けたのは後鳥羽上皇でした。意外に思われるかもしれませんが、北条義時をはじめとする鎌倉幕府側は、少なくともこの時点では、朝廷と戦争をするつもりなど全くなかったといえます。ましてや上皇たちを流刑にして、自分たちが天皇を決めるようになるとは思ってもみなかった。では、なぜ後鳥羽上皇は戦いを挑んだのか？　これがポイントのひとつです。

また、幕府の一方的な勝利に終わったことから、後鳥羽上皇の決断が無謀なもののようにも思えますが、それも違います。後鳥羽上皇は長い天皇家の歴史でも傑出した能力の持ち主でした。個人的資質だけでなく、経済力では鎌倉幕府側をはるかに上回り、政治・軍事面でも多くの武士を味方につける軍拡政策にも成功していたのです。

では、なぜ鎌倉幕府は勝利できたのか？　これがもうひとつのポイントです。

それを知ることは、鎌倉幕府とは何か、さらには武士とは何かを知ることでもあります。

これも当たり前すぎて、かえってあまり納得のいく説明がなされない点ですが、鎌倉幕府という組織は、それ以後の室町幕府、江戸幕府とは決定的な違いがあります。室町幕府なら足利氏、江戸幕府なら徳川氏という創業家が、最後まで将軍の座を独占しましたが、およそ百五十年続く鎌倉幕府では、源氏が将軍となったのはわずか三代、長く見積もっても四十年たらずに過ぎません。

そもそも、この承久の乱の時点で、鎌倉幕府を開いた源頼朝《よりとも》(一一四七〜一一九九)の正統な継承者であるはずの源氏の将軍は絶えてしまっています。教科書にも載っている有名な北条政子《まさこ》(一一五七〜一二二五)の呼びかけでは、「今こそ亡き頼朝公の恩に報いるべきだ」とされていますが、恩を受けた頼朝ばかりか、それを継いだ源頼家《よりいえ》(一一八二〜一二〇四)、源実朝《さねとも》(一一九二〜一二一九)の二人の将軍も死んでしまって、跡取りもいない。これも後で詳しく述べますが、頼家、実朝はむしろ義時を中心とする在地武士団によって排除されたともいえるのです。

それでも義時率いる鎌倉幕府は朝廷に圧勝したのです。なぜか？ ここが説明できなくては、承久の乱を論じたとはいえません。

ハードルを上げてしまいましたが、最後に幕府の勝因をあえて一言でいうならば、組織原理の差だったといえるでしょう。それは中央の権威から、在地領主、すなわち現場に根ざした力と組織への歴史的パワーシフトだった——とだけ述べて、いよいよ本編の始まりとしたいと思います。

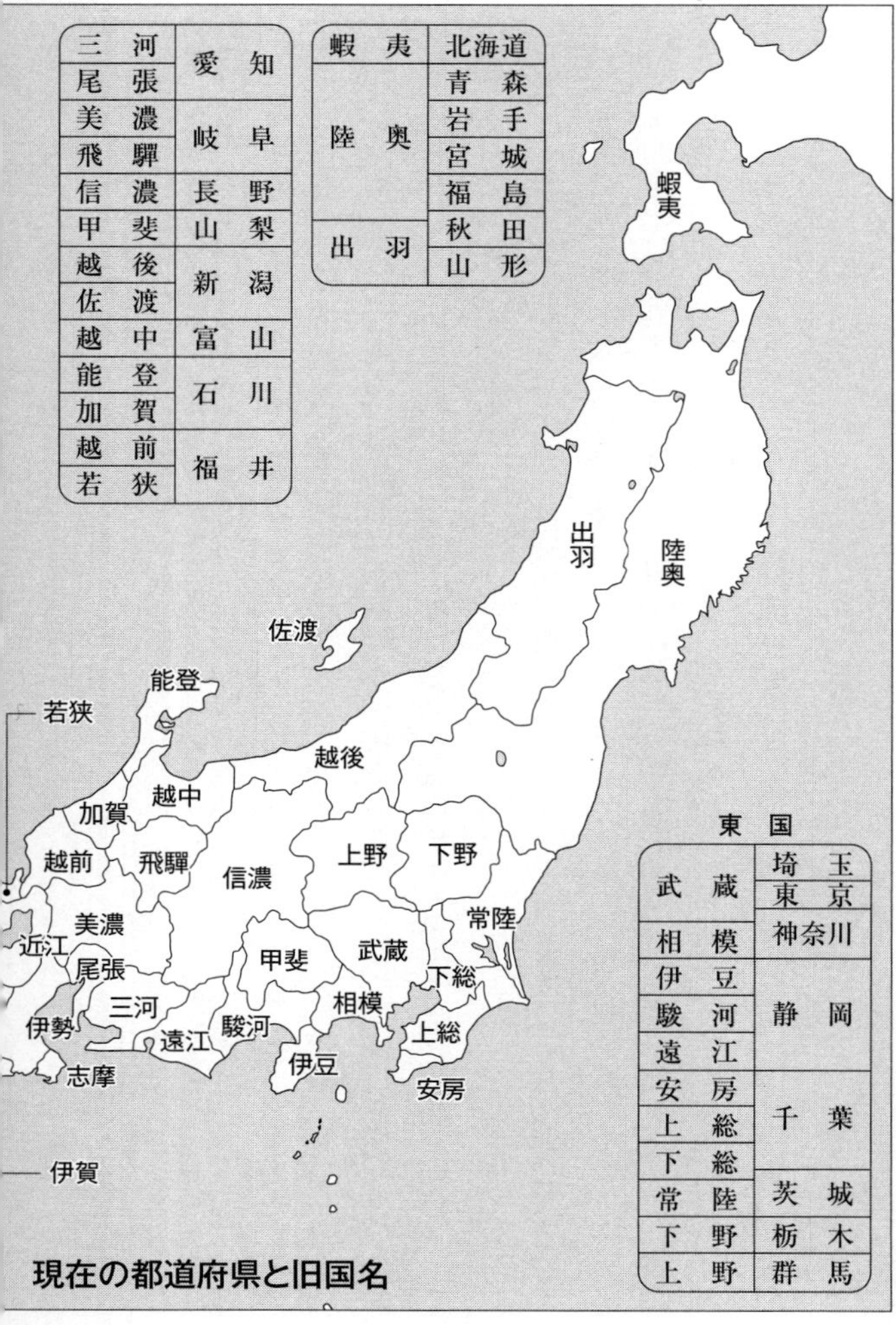

三河	愛知
尾張	
美濃	岐阜
飛驒	
信濃	長野
甲斐	山梨
越後	新潟
佐渡	
越中	富山
能登	石川
加賀	
越前	福井
若狭	

蝦夷	北海道
陸奥	青森
	岩手
	宮城
	福島
出羽	秋田
	山形

東国

武蔵	埼玉
	東京
相模	神奈川
伊豆	静岡
駿河	
遠江	
安房	千葉
上総	
下総	
常陸	茨城
下野	栃木
上野	群馬

現在の都道府県と旧国名

筑前	福岡
筑後	福岡
豊前	大分
豊後	大分
肥後	熊本
肥前	佐賀
壱岐	長崎
対馬	長崎
日向	宮崎
大隅	鹿児島
薩摩	鹿児島
琉球	沖縄

阿波	徳島
土佐	高知
伊予	愛媛
讃岐	香川
備前	岡山
美作	岡山
備中	岡山
備後	広島
安芸	広島
周防	山口
長門	山口
石見	島根
出雲	島根
隠岐	島根
伯耆	鳥取
因幡	鳥取

山城	京都
丹後	京都
丹波	兵庫
但馬	兵庫
播磨	兵庫
淡路	兵庫
摂津	大阪
和泉	大阪
河内	大阪
大和	奈良
近江	滋賀
伊賀	三重
伊勢	三重
志摩	三重
紀伊	和歌山

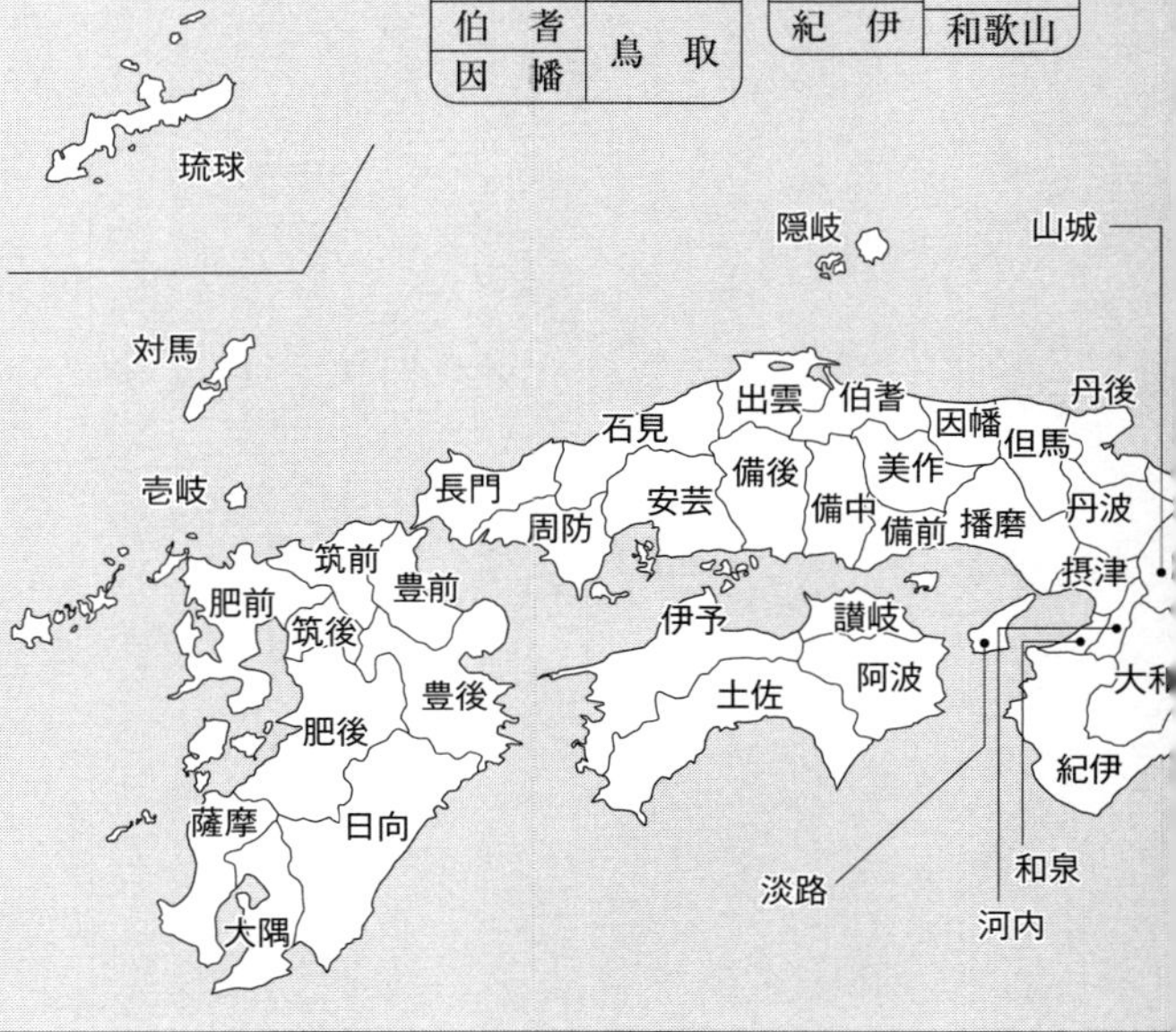

承久の乱

日本史のターニングポイント　目次

第一章　「鎌倉幕府」とはどんな政権なのか

保元元年（一一五六年）	保元の乱が起こる。
平治元年（一一五九年）	平治の乱が起こる。
治承三年（一一七九年）	平清盛が後白河上皇を幽閉する。
治承四年（一一八〇年）	源頼朝が伊豆で挙兵する。 源頼朝が鎌倉に入る。 （事実上の鎌倉幕府成立）
治承五年（一一八一年）	平清盛が亡くなる。
寿永二年（一一八三年）	源（木曽）義仲が京都に入る。 後鳥羽天皇が即位する。
元暦二年（一一八五年）	壇ノ浦の戦いで平家が滅亡する。
文治五年（一一八九年）	源義経が平泉で殺される。

幕府の本質は「頼朝とその仲間たち」

では、まず承久の乱の一方の主役である「鎌倉幕府」とは何かから論じていきましょう。

実は、源頼朝もその家来も、頼朝を将軍に任命した朝廷も、誰一人として「鎌倉幕府」というものが生まれた、とは考えていませんでした。なぜなら、武士が政治を司った体制・政権を一般的に「幕府」と呼ぶようになったのは、明治時代のことだからです。

そもそも「幕府」とは、中国で将軍が戦争の時に拠点とした陣幕を指す言葉でした。頼朝のころに「幕府」といわれていたものがあったとすると、システムではなく頼朝の居館そのものです。

それを室町時代のお坊さんが、「武士の政治体制を表すのにちょうどいい」と漢籍の中から引っ張り出してきたのですが、一般に使われた言葉ではありませんでした。江戸時代になっても、徳川家の支配体制は「柳営《りゅうえい》」と呼ばれます。今のように使われはじめたのは、ようやく幕末になってからでした。

便宜上、本書でも「鎌倉幕府」を使いますが、一見面倒そうな語釈論議からはじめたのは、そもそも鎌倉時代に、「幕府」というきちんとした政治システムが確立していたわけではなかった、ということが言いたかったのです。

頼朝がつくった鎌倉幕府は、同じ幕府でも、たとえば江戸幕府とはまったく違います。江戸幕府はいわば完成された世襲官僚組織です。頂点に立つ将軍から領地と位を与えられた家臣たちが、序列にのっとり、それぞれの職掌にあたる。各藩も、やはり将軍に領地をもらった藩主が同様のピラミッド型組織を運営します。

それに対して、頼朝の作った政治体制の実態を一言で言い表すとすると、私が最もぴったりだと考えるのはこれです。「源頼朝とその仲間たち」。こういうと「ふざけるな！」と叱られてしまいそうですが、実態はこの通りなのです。

頼朝を棟梁と仰ぎ、そこに結集することで、自分たちの権益、特に土地の保障（安堵《あんど》といいます）を得る。これが鎌倉幕府の本質でした。その頼朝による土地の安堵が「御恩」、それに報いるために、頼朝の命令のもと戦うことが「奉公」です。それを受け入れた武士たちは、頼朝の直属の子分（仲間たち）として「御家人」と呼ばれます。

もし頼朝が安堵した土地を、誰かが理不尽に奪い取ったり、頼朝が決めた土地の境界線を勝手に破ったとします。それを頼朝に訴えると、頼朝が仲間たちを連れて来て、その相手を撃退してくれるのです。逆にいえば、頼朝から「今度、あいつを懲らしめるから、すぐに来い」と言われれば、何があっても駆けつけなければいけません。これが「いざ鎌倉」です。

鎌倉幕府とは、一言でいえば、この保証人ならぬ保障人・頼朝と主従契約を結んだ仲間たちが、東国に築き上げた安全保障体制なのです。

弱肉強食の中世で自分の土地を守るには

なぜ、こうした仕組みが必要となったのか？ それを説明するには、当時の土地制度をみておく必要があります。土地の問題は、日本史の要ともいうべき大きなテーマですが、ここではできる限り簡潔に、わかりやすく説明したいと思います。

日本史の教科書などをみると、古代の日本には中国から律令制が導入され、すべての土地は公＝天皇のもので、ひとりひとりに口分田《くぶんでん》を与える代わりに、租庸調《そようちょう》などの税を納めさせた、と説明しています。しかし私は、これはおよそ実態とはかけ離れたフィクションだったと考えています。土地はすべて天皇のものである「べきだ」、という、朝廷側の理想を示したものです。そもそも朝廷の支配が及ぶ地域は、十世紀になっても百万町歩にも及びませんでした。養老《ようろう》六（七二二）年に出された「百万町歩開墾計画」がいかに荒唐無稽な絵に描いた餅だったかがわかるでしょう。結局、現実として行なわれていたのは、朝廷が支配している地域から「取れるだけ税を取る」という収奪的な支配だったと考えられます。そこから「逃亡」「浮浪」となる農民が続出するのも当然で、律令制はすぐに行き詰まるわけです。

そこで、開墾した土地は自分のものにしてよい、という当たり前の現実を追認する天平《てんぴょう》十五（七四三）年「墾田永年私財法《こんでんえいねんしざいほう》」などが出されます。そこで生まれた私有地が「荘園《しょうえん》」と呼ばれるのですが、この自ら開いた土地を守るのも容易なことではありませんでした。

近世を迎える前の日本は、基本的に「自力救済」の世界です。権利を守ってくれる法もなく、社会の治安を司る警察も存在しません。特に都を離れた地方では、その傾向はいっそう強まり、事実上の弱肉強食状態だったのです。

そこで自分の土地を守るにはどうしたらいいのか。自分の土地を経営する人々を、歴史用語では「在地領主」と呼びます。この在地領主には、大きく二つの「敵」がありました。ひとつは他の在地領主、そしてもうひとつは地方の役所である「国衙《こくが》」（県庁をイメージしてください）でした。

なんといっても弱肉強食の世界ですから、いつ自分の土地を奪い取られるかわからない。隣の荘園との境界を巡るいざこざなどは日常茶飯事です。そのとき、誰も助けてはくれません。在地領主は自ら武装し、敵を追っ払うしかありませんでした。やがて、在地領主同士で、「俺はお前らを襲わないから、お前らも俺を襲うなよ」という相互安全保障のようなものも結ばれるようになります。そうした安全保障のなかでも、最も効力が高いとされたのが婚姻関係でした。互いに嫁を取り一族となる。そして勢力を拡大して、他の在地領主たちへの対抗力を強めていくわけです。

さらに厄介なのが、国衙の役人たちでした。実態は破綻したとはいえ、「公地公民」の建前は維持されています。つまり、荘園とは、あくまでも本来あるべき姿からの逸脱であって、理念上は、役所が例外的に認めている「お目こぼし」に過ぎません。だから、あるとき突然、国衙から「勝手に何をやっているんだ。土地は国のものだから、すべて没収する」と介入される可能性があったのです。

これに対する在地領主の対応は、大きく二つ。ひとつは自ら国衙の下っ端役人（在庁《ざいちょう》官人《かんじん》）となること。国衙の長は国司《こくし》といい、中央の上級貴族が任命されましたが、平安も後期になると、自分は任地に赴かず、京都の下級の官人を「目代《もくだい》」として派遣し、現地から上がりだけを送らせるようになります。その目代のもとで、現地の在地領主たちが、在庁官人となる。つまりインサイダーとなって、自分の土地を守ろうとしたわけです。

そして、もうひとつの方法が「寄進《きしん》」でした。国衙を司る国司に影響を与えられる（はずの）中央貴族や大きな寺社に、自らの土地を寄進し、保護を求めるのです。たとえば「毎年、必ず四百石を送りますから（年貢）、うるさい国司に手を引くよう言ってやってください」と契約を結ぶ。このとき寄進された貴族を「上司《じょうし》」、在地領主を「下司《げし》《げす》」といいます。

ところが、この上司では力不足で、さらに地位の高い者を頼る事態が生じてきます。このとき頼られるのは、天皇家、摂関家といった貴族社会のトップか、伊勢神宮、延暦寺のような大寺社でした。こうした上位の保障者が「本家《ほんけ》」で、彼らを頼った上司は「領家《りょうけ》」と呼ばれます。

問題は、この「上司」や「本家」がいざというとき、本当に頼りになるかどうか定かではない、ということでした。実際に、ほかの勢力が自分の土地を侵略してきたとき、中央にいる上司や本家は何の役にも立ちません。都はあまりに遠いのです。そもそも国司となっても任地にも来ない貴族たちが、地方の土地争いに重い腰を上げるはずもない。

そんな不確かな保障でも頼らざるを得ないほど、在地領主たちは過酷な状況に置かれていたともいえるでしょう。

結局、頼りになるのは自力だけです。自ら武装し、仲間を集め、土地と一族を守るしか

荘園をめぐる関係図

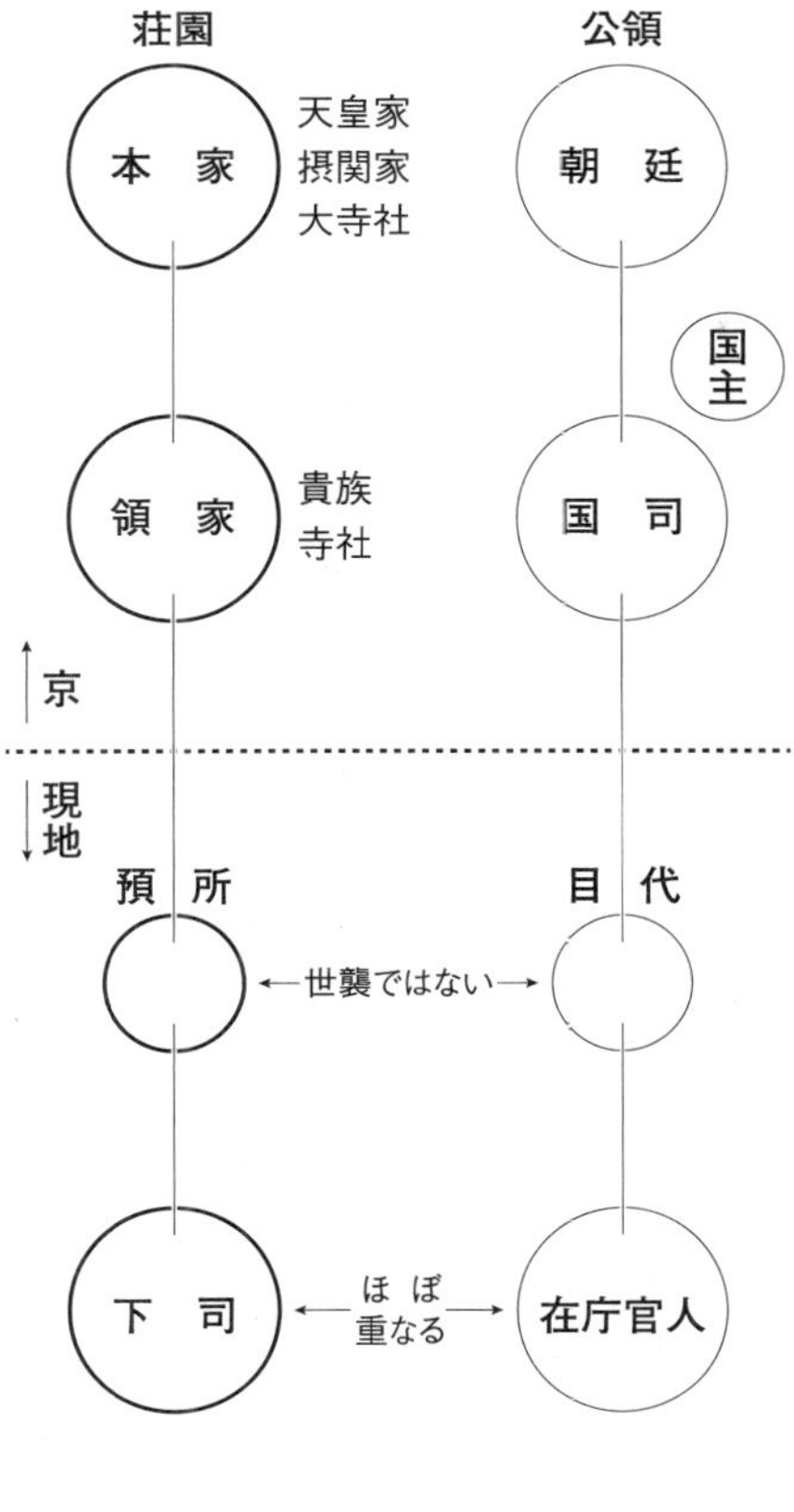

ない。これが武士の誕生です。荘園という不安定な土地システムが、自ら武装する武士を生んだ。私はそう考えています。

では、そこに、困ったときにすぐ駆けつけてくれ、実力行使を厭わない「上司」がいたらどうでしょうか？　その上司＝親分の傘下に入れば、より確実な土地の保障＝安堵が得られる。より強力な集団に属せば、自分たちの土地を広げていくことも可能かもしれない。そうして、各地域で強い親分のもとに利益集団が出来上がります。そのグループの中でも実力、権威で抜きん出た存在となったのが源氏であり、平家でした。

源平の戦いは「在地vs.中央」だった

武士の誕生には長年の論争があります。それは簡単に言えば、武士のルーツは都か田舎かという議論です。「田舎の武士」はこれまで見てきた通り、武装化した在地領主です。それに対して、「京武者」といって天皇や朝廷、上級貴族などの警護を行なってきた警察、もしくはボディガード的存在がそもそものルーツである、という議論です。

私は「田舎の武士」を重く見る立場です。京武者といっても、当時は都を少し離れれば、ここまで見てきた通りの弱肉強食の世界でした。京都周辺で武装化した在地領主を、都に連れてきて傭兵化したのが京武者であろうと考えています。

たとえば後に都で政権を握ることとなる平家にしても、実は源氏よりも先に関東で勢力を広げていました。平将門《まさかど》の乱（九三五～九四〇年）も、下総《しもうさ》、上総《かずさ》の平家一門の争いがきっかけで、これを鎮圧したのもやはり平家の平貞盛《さだもり》でした。まず関東で勢力を広げた平家のなかで、もっと豊かな西国に移ろうと考えた一族が、平清盛《きよもり》を生んだ伊勢平氏です。それで、平家が去った関東に、今度は源氏が入り込んでくるのです。

では平家と源氏の決定的な違いはどこにあったのでしょうか。

そもそも中央政治において、源平に代表される武士の台頭のきっかけをつくったのは後《ご》白河《しらかわ》天皇（一一二七～一一九二）のブレーン藤原通憲《みちのり》（信西《しんぜい》）だといえます。信西は、近《この》衛《え》天皇の崩御に乗じて、後白河天皇を即位させることに成功し、崇《す》徳《とく》上皇との間で起きた保元《ほうげん》の乱（一一五六年）でも勝利を収めました。このとき、信西は平家、源氏など武士たちを集め、武力によって決着をつけたのです。これは政治に武力行使を持ち込まないという平安三百五十年の伝統を破るものでした。つまり、朝廷内の権力闘争が、武士の政治介入を招いたのです。

そして平家と源氏の両者が正面から激突したのが、平治《へいじ》元（一一五九）年の平治の乱でした。ここで勝利に決定的な役割を果たした平清盛は、武士でありながら、中央の貴族として昇進を遂げていき、敗れた河内源氏の棟梁、源義朝《よしとも》は京都を逃れ、東国へ逃げる途中、尾張で騙し討ちにあい、殺されてしまいます。この義朝の三男が源頼朝であり、平家を倒すのですが、ここで問題です。

平家滅亡、鎌倉幕府の成立に至る一連の戦い、学術的にいうと「治承《じしょう》・寿永《じゅえい》の内乱」は、俗に源平の戦いともいわれますが、この戦いは誰と誰との戦いでしょうか？

言うまでもない、清盛と頼朝、平家と源氏の戦いだという答えには、満点はあげられません。治承三（一一七九）年、清盛は後白河上皇を幽閉し、軍事政権を樹立します。それに対し、翌治承四年、以仁王《もちひとおう》が平家打倒を呼びかける令旨《りょうじ》を出し、各地の武士が次々と蜂起しました。まず頼朝が立ち、木曽の源義仲《よしなか》（一一五四〜一一八四）も挙兵します。その後、近江、美濃、河内でも源氏の旗のもと結集するケースが目立ちますが、肥後の菊池氏や伊予の河野氏、北陸の在庁官人のように、単独で反平家に立ち上がったグループもありました。そして、いずれのケースもまず国衙を攻撃し、その地方の支配権を握ろうとしているのです。

つまり、源平の戦いとは、源氏対平家という武門同士の戦いではなく、在地領主対朝廷政権の戦いだったのではないか。その意味で、平家政権とは、あくまでも軍事力によって都を支配する、朝廷の政治体制だったといえます。反平家で次々と立ち上がった武士たちが目指していたのは、中央政治の主導権を平家から奪うことではなく、それぞれの土地で自分たちの在地権力を確立することだった。そう私は考えます。

そして最終的に「武士の首頂（トップ）」となり、東国に在地領主である仲間たちとの政権を築くのが源頼朝だったのです。

〝創業者〟頼朝のヴィジョン

会社のありかたは創業者で決まる、とはよく言われますが、鎌倉幕府のありかたも、当然、創業者である頼朝のヴィジョンに負うところが大きい。

では、頼朝とはどんな人だったのでしょうか。まずは血筋です。後《ご》三年の役《えき》（一〇八三〜一〇八七年）を起こした源義家《よしいえ》を祖先に持ち、義朝を父とする頼朝は、母方の家柄の良さ（熱田神宮の大宮司の娘）もあいまって、三男なのに生まれた時から源氏の跡取りとみなされていました。

平治の乱で父・義朝が敗れたとき、長兄・義平《よしひら》は捕らえられて殺され、次兄の朝長《ともなが》は平家との戦で矢傷をうけ自害します。そして、父と離れて逃げていた十四歳の少年、頼朝も平家方に捕らえられてしまい、殺される寸前でした。

清盛の継母・池禅尼《いけのぜんに》の助命によって、なんとか命だけは助けられましたが、伊豆国の蛭《ひる》ヶ《が》小島《こじま》に流されます。このとき清盛が頼朝を殺していたら……というのはしばしば言及される歴史のｉｆですが、これは当時の東国がいかに過酷な辺境だったかを物語るものでしょう。清盛にしてみれば、伊豆の小島のような地の果てに流してしまえば、殺したも同然だったわけです。

この流人時代に頼朝に仕えていたのが安達盛長《もりなが》（一一三五～一二〇〇）でした。盛長の妻、丹後内侍《たんごのないし》は、頼朝の乳母だった比企尼《ひきのあま》（生没年不詳）の長女でした。この比企尼は流人の頼朝に米を送り続け、娘婿である盛長や河越《かわごえ》の豪族、河越重頼《しげより》（?～一一八五）らに援助を頼みます。

そして、伊豆で頼朝の監視役となったのが地元の領主・北条時政《ときまさ》（一一三八～一二一五）でした。やがて頼朝は時政の娘、政子と結婚します。ちなみにこの政子とは、後に京都にのぼって天皇、上皇の前に出るときに時政の一字をとってつけられたもので、頼朝は政子とは呼んでいなかったはずです。この時期の頼朝に関する史料はほとんどありません。

頼朝が歴史の舞台に現れるのは、先にも述べた治承四（一一八〇）年のことです。頼朝の乳母の妹を母に持つ下級貴族、三善康信《みよしやすのぶ》（一一四〇〜一二二一）は、以仁王が討ち取られ、平家が以仁王の令旨を受け取った全国の源氏の討伐を計画しているとの報を頼朝に伝えました。それを受けて、頼朝は反平家を掲げて蜂起します。

このとき頼朝に従ったのは、舅の北条時政とその家来たち、地元の仲間を合わせて九十人あまりでした。まず伊豆の目代（代官）である山木兼隆《かねたか》を討ちとったのは良かったのですが、相模の石橋山の戦いで平家方に大敗北を喫します。真鶴半島から船で房総半島に逃げた頼朝は、その地で千葉常胤《つねたね》（一一一八〜一二〇一）、上総広常《ひろつね》（?〜一一八三）といった在地の豪族を味方につけ、わずかひと月で大軍を率いて隅田川を渡り、武蔵国の河越重頼、畠山重忠《しげただ》（一一六四〜一二〇五）らを従え、相模に戻りました。そして、鎌倉に入り、そこを本拠地とします。

私は、この時、事実上、鎌倉幕府は誕生したと考えています。なぜなら、この時点で、頼朝を主人として、東国を拠点とする在地領主たちの集団という、鎌倉幕府のコアの部分がすでに成立しているからです。

また、ここに挙げた人々は初期鎌倉幕府において非常に重要な役割を果たします。頼朝が平家を討ち、武士の首頂となった後も、最も重用したのは、最初の蜂起の前から支援してくれていた人たちや、一緒に兵を挙げた仲間だったからです。

現代の企業でも、創業の苦労を分かち合ったメンバーや、最初に出資をしてくれた人たちは大切にされます。それも当然で、創業者からすれば、成功の約束など何もないのに、自分の決断を支持し、一番苦しいときをともに戦ってくれたわけです。北条時政は伊豆の小領主に過ぎませんでした。鎌倉幕府の公式歴史書ともいえる『吾妻鏡』によると、最初の合戦に時政が動員できたのは五十人程度。自分も命を賭けた戦いですから、目いっぱい頑張って集めてたった五十人です。そしてそれが頼朝軍の主力部隊でした。時政は賭けに勝ったのです。

「京都に行かない」決断の意味

鎌倉に居を構えた頼朝軍は、一週間後には駿河に入り、富士川の戦いで平家の大軍を破りました。まさに破竹の勢いです。このとき、『平家物語』には平家方七万人、源氏方二十万人と書かれていますが、大嘘です。いくらなんでもありえません。当時の貴族の日記には、平家が四千人の兵を集めたが、見たこともない大軍だと記されています。少なくとも二十倍くらいに水増しした数字でしょう。この割合でいくと源氏は一万人となりますが、それでも頼朝軍旗揚げの時からすれば、百倍くらいの急成長ぶりです。

このとき、決定的な局面が訪れました。このまま軍を京都に向かわせようとした頼朝の前に、千葉、上総、三浦義澄《よしずみ》（一一二七〜一二〇〇）といった面々が立ちはだかり、それを止めるのです。「そのほかの驕者、境内に多し」すなわち、まだ関東には佐竹氏をはじめとして頼朝に従わない者も少なくない、それを平らげてから、西を目指すべきだ、と諫《かん》言《げん》したのです。

この諫言の意味するところはきわめて重要です。これは単に京に一気に攻め上るべきか、足元を固めるべきかといった戦術論にとどまりません。千葉ら関東の在地領主が何を求めて頼朝に従い、命がけで戦ってきたかをあらわしているからです。

彼らが求めたものは、平家の討伐などではなく、まず「境内」、すなわち東国の新しい秩序の樹立でした。そのトップとなることを、頼朝に求めたのです。また彼らが平定すべき敵として挙げた常陸の佐竹氏は源氏の名門です。関東武士にとって問題は源氏か平家かではない。あくまでも旧来の朝廷＝国衙による支配に甘んじるのか、在地領主の権利の保障を最重要事項とする、新しい体制を作り上げるのかという選択だったのです。

おそらく当時の東国武士たちは、このように大局的な見方をしていたわけではなかったと思います。中央から何の援《たす》けもなく、ただ収奪されるだけの現状への不満、そして、自らの武力がそれまでの悲惨な状態を打開する力でもあることへの気付きが、一連の戦乱のなかから生まれてきつつあった。

頼朝は京都で少年時代を過ごした京都人です。都の豊かさも知っている。平家を打ち払い、朝廷を中心とする政治体制から莫大な利得を手にするという選択肢もあったはずです。しかし、彼はその進言を受け入れました。これが鎌倉幕府の運命を決めました。「武士の、武士による、武士のための政権」の道を選んだのです。

公地公民という理念で土地に介入してくる朝廷の支配に対し、在地領主がいかに自分たちの力を結集し自前の安堵を勝ち取るか。この頼朝蜂起のときの大テーマは、後に詳しく述べますが、実は、承久の乱での鎌倉勢の結束にもつながっているのです。

武士の異質な「殺生」感覚

武士とそうでない人々を分ける、決定的な要素、それは「殺生《せっしょう》」に対する感覚ではないでしょうか。

鎌倉時代の後期に描かれた『男衾三郎絵詞《おぶすまさぶろうえことば》』という絵巻物があります。主人公の男衾三郎は架空の存在ですが、物語の中でリアルな設定がなされており、当時の人々の暮らしや武士のありかたを知るのに適した史料です。

その『絵詞』にはこんな場面が描かれています。

白い着物を着た男女や葛籠《つづら》を背負ったいがぐり頭の男性が、男衾三郎の館の前を通りがかります。すると、館の中にいた武士がすっ飛んで行って（武士の烏帽子《えぼし》が取れて落っこちていることで、そのスピード感が表現されている）、その通行人を捕まえようとします。なぜ、武士たちは道行く人を捕まえようとしているのでしょうか。

絵詞には、「絵」だけでなく「詞」つまり文章が書かれています。それによると、「馬庭《まにわ》の末に生首絶やすな。切り懸けよ。此の門外通らん乞食・修行者めらは（中略）駆け立て駆け立て追物射《おものい》にせよ」

馬庭とは武士の家の庭です。そこに生首を絶やすなと言っている。追物射とは、犬などの動物を矢で射ること。つまり、屋敷の前を通る乞食や修行者を狩の獲物のように矢で射てしまえということなのです。たしかに絵をじっくり見てみると、ある武士は、手につばきして弓に矢をつがえようとしています。

つまり、この絵は、たまたま通りがかっただけの人を弓で射たりして捕まえて、なぶり殺しにして、家の庭に生首を供えようとする場面なのです。

私も、最初にこの絵を見たときは驚きました。武士とはこんな無秩序な暴力集団なのかと。

しかも、男衾三郎はただの武士ではありません。この武蔵国の男衾に住む三郎の父は武蔵大介といって、国の役所で治安を取り仕切っていた有力武士だとされています。言ってみれば武蔵で一番偉い武士で、今なら埼玉県警本部長のような立場だといえるでしょうか。この架空の武士、男衾三郎のモデルは、やはり男衾を本拠地とした畠山重忠だと思われます。そして畠山重忠こそ、仇討ちを描いた軍記ものの『曽我物語』でも、歴史書『吾妻鏡』でも、「鎌倉武士の鑑《かがみ》」と讃えられた人物でした。つまりこの絵詞は、武士の凶暴さを非難するのではなく、むしろ勇猛さを讃えたものなのです。

これは当時の一般的な常識とも異なる、武士だけの特異な感覚だったといえます。死をケガレとして極度に厭い、死を連想するものさえ極力避けるのが、貴族の普通の感覚でした。だから平安期には政争の敗者でも死刑になったケースはきわめて稀です。またいわゆる平民である百姓層にも殺生を避ける仏教の教えが浸透しており、彼らから見ても、すすんで殺生に手を染める武士たちは異質の存在でした。

中世武士の自力救済とは、生きるためには他人の命を奪うことなどなんとも思わないという荒々しい感覚に基づくものでもありました。以下の章で繰り広げられる鎌倉幕府の血なまぐさい権力抗争は、こうした武士の殺生観を踏まえると、よく理解できるでしょう。

弓と馬術こそ武士の象徴

とはいえ、単に荒くれ者というだけでは武士にはなれません。「俺は力も強いし、家来もたくさんいる。よし、今日から武士になるぞ」と勝手に武士になることはできませんでした。周りから武士と認められるには、ある能力、資格を示す必要がありました。

十世紀ころ、各国の国衙では、国司が任期の間に一度「大狩」という行事を催すことになっていました。そこに正式に招待されて一緒に狩りを行うことのできる在地領主が武士だと認定されたのです。

この大狩は単なる遊びやスポーツではありません。当時の人々にとって狩りは神事です。国司は、「今度、私がこの土地を治めることになりました。どうぞ、よろしくお願いします」と土地の神々に獲物を捧げることが本来の目的でした。またこの行事に参加するということは、国衙への奉仕を求められるということでもありました。ときには国司に仕え、下級の官位（六位くらい。有力者だと五位のこともあった）を与えられるケースもありました。

まずこの大狩に参加するには、馬を乗りこなせなくてはなりません。広い荒野を駆けまわって獲物を追いかけるのですから、高度な乗馬技術が要求されます。さらに、矢を射る技術も必要とされます。

馬と弓。これはいうまでもなく、当時の軍事力の要でもありました。戦においても馬の攻撃力は圧倒的なものがあります。合戦の記録を読むと、戦国時代になっても、戦死の理由として、鉄砲の次に、馬に踏まれて死ぬことが挙げられています。いわば、近代戦における戦車のような破壊力を持っていたといえるでしょう。

最近では、馬は単なる移動手段で、合戦の際には降りて戦ったという説もありますが、これは普通に考えたらおかしな話です。馬そのものが強力な武器だったのですから。

また鉄砲以前において、離れた距離から相手をしとめる最大の兵器が弓でした。神社などで行われる流鏑馬《やぶさめ》を思い浮かべると分かりやすいと思いますが、馬を疾走させながら、獲物に向かって矢を放つあの姿が、本来の武士の姿なのです。

後世、武士といえば刀というイメージが強くなりましたが、刀が武士の象徴となるのは、実戦から遠ざかった江戸時代のことです。それ以前の戦国時代には、「賤ヶ岳《しずがたけ》の七本槍」「一番槍をつける」など、戦場ではむしろ槍のほうが有効な武器とされていました。刀はよほどの接近戦にならないと出番はありません。

鎌倉武士にとっては、なんといっても弓こそが武士の象徴であり魂だったのです。武士を褒め称える言葉として、「海道一の弓取り」とはいわれても、「海道一の刀使い」とは呼ばれません。『平家物語』でおなじみの那須与一や、強弓使いとして源為朝《ためとも》が後世まで語り継がれるのもそのためです。荒武者のイメージがない源頼朝も、『吾妻鏡』では弓の名手として紹介されていて、武士の鑑であることが強調されています。

御家人は一体何人いたのか

では、ここから鎌倉幕府の実態に迫ってみたいと思います。まずは最も基本的な数字から。

以前、東大に来ていたウェイン・ファリスさんという東洋史学者に、「御家人というのは、一体何人くらいいいたのですか」と聞かれたことがあります。実は、この質問、当時の中世史学者の間では一種のタブーだったのです。なぜなら、御家人の人数の全国統計などという史料が存在しないからです。といっても、「わからない」と答えるわけにもいきません。あらゆる史料を集めて、可能な限り御家人の人数を試算してみました。

残念ながらすべての国の史料が残っているわけではありません。そこで、史料がきちんと残っている国をベースに考えることになります。

まずは、西国の小国です。史料を見てみると、讃岐《さぬき》には御家人は二十人くらいしかいません。一方、東国の大国で東国武士の本場である武蔵には、鎌倉時代半ばの史料によると、百十数人くらいの御家人が記録されています。史料の残っている国の数字をつき合わせて推測すると、御家人の総数は千数百人と考えるのが妥当でしょう。御家人は、もともと頼朝の家来を意味し、将軍家に直属する人々で、鎌倉武士のなかでもエリート中のエリートでした。鎌倉武士全体となると、数はさらに増えます。

では、御家人は、一体いくらの収入を手にしていたのでしょう。ある中級貴族を領家とする荘園の地頭だったと仮定して、考えてみます。中規模の荘園の広さは、だいたい二百町くらいあります。一町は一ヘクタールくらいと考えてください。承久の乱の後に、幕府は一つの目安として「新補率法《しんぽりつぽう》」というものを公表しました。少なくともこれくらいは、地頭が自分の収入としてよい、と認めたのです。それにしたがって計算してみたことがあるのですが（一九九八年出版の放送大学教科書『日本の中世』）、計算式は省略して結果だけ記すと、二百町の荘園の地頭の収入はほぼ二千万円くらいとなりました（なお、お米十キロを六千円として計算しています）。

その二千万円を使って、自分の館を維持し、家来を養うことになります。

調べた限りではこのクラスの収入が見込めるのはその国を代表する武士たちです。武蔵の畠山氏、相模の三浦氏、下総の千葉氏、下野《しもつけ》の小山《おやま》氏がそれにあたります。先ほど紹介した『男衾三郎絵詞』の男衾三郎も、このクラスです。男衾三郎の館には、十人くらいの武士が描かれていますが、彼らがいわゆる中級将校にあたり、その下に身分の軽い兵士が三百人くらいいる。関東でトップクラスの武士でも動員できる兵力は、だいたい三百人くらいだったといえます。

武士とお金という点でいえば、「頼朝はケチだった」という説もあります。それはこんなエピソードが残っているからでしょうか。

京都から鎌倉に、文官の藤原俊兼《としかね》が下ってきます。この俊兼は、頼朝の右筆《ゆうひつ》(文書の代筆などを担当する)を務めたのですが、いつも雅な服を何重にも着て贅沢をしていた。それに対して、ある日、頼朝が怒りを爆発させます。俊兼の着物の袖を切り取って、「鎌倉の武士たちは、お前と違ってみな学問はない。しかし、質実剛健をわかっていて、倹約を心がけている。そして、たくさんの家来を養っているのだ。いざ戦になったら私のために一人でも多くの家来を連れてやってこようとしているぞ。お前も彼らを見習うべきだ」と説教をした。

質実剛健は鎌倉武士の美徳といわれています。しかし、このエピソードは単なる倹約のすすめではありません。お金をためることが目的ではなく、それを家来を養うことに使え、すなわち少しでも多くの兵力を持つべきだ、と頼朝は言っているのです。そこからは兵士の数こそが正義であり権力の源泉である、という鎌倉武士の冷徹な認識がうかがえます。

規模別有力武士番付

こうした点を踏まえつつ、有力武士たちを、規模別にグループ化してみましょう。

まず、トップグループといえるのが、複数の国にまたがって勢力を伸ばしている「諸国の覇者」です。西国を中心に全国で五百あまりの荘園を我が物とした平家一門のトップ清盛や、東国を押さえた頼朝は当然、このグループです。ほかには、信濃にいた木曽（源）義仲や平泉の奥州藤原氏もここに入ります。

第二グループは「一国の支配者」です。たとえば、頼朝が旗揚げに失敗して房総半島に逃げたときに、その旗下に加わった上総広常。彼は上総国をほぼ丸ごと支配していたといっていい。『吾妻鏡』には二万人の兵を率いていたと書かれています。二万という数字は誇大表現ですが、それだけたくさんの兵隊を動かせる武士であることを示しているのです。ここまでの兵力を動かせたのは、東国では越後国の城《じょう》氏くらいでしょう。

この時期には、一国を丸ごと支配している武士はほとんどおらず、多くの武士は国の中の一地域を支配しているだけでした。これが第三のグループ「地域の有力武士」です。前にも述べた武蔵の畠山氏、相模の三浦氏、下総の千葉氏、下野の小山氏などで、動かせる兵力の規模は三百人くらい。

動員規模が五十人くらいだった北条時政などは、さらにその下のクラスだったといえます。

「東国」の中心は駿河、伊豆、相模、武蔵

今度は、初期の鎌倉幕府を地理の面からみてみましょう。

これも幕府というとどうしても江戸時代のイメージが強く、日本全国がくまなく幕府の影響下にあったように思いがちですが、初期の鎌倉幕府が強い影響力を及ぼすことができたのは東国の限られたエリアだけでした。

この「東国」もいまの関東地方、一都六県（東京、茨城、群馬、栃木、埼玉、千葉、神奈川）ともずれています。

この時代に一つの強いまとまりとして見られていたのは、駿河国、伊豆国、相模国、武

蔵国の四カ国でした。今でいえば静岡県の東側から伊豆半島、神奈川県、東京都と埼玉県にあたります。このなかの伊豆国が頼朝旗揚げの地となり、相模国の鎌倉が政権の拠点となるのです。

この駿河、伊豆、相模、武蔵の四カ国は東海道で連なり、政治、経済、文化の面でも深い連関をもっていました。これが鎌倉武士の本場だったのです。しかも、この四カ国に住む武士たちは、いずれも伊豆山権現《ごんげん》と箱根権現への信仰を共有していました。この二つの権現は、鎌倉将軍の厚い信仰の対象ともなります。その信仰をベースに、四カ国の武士たちは、お互いに血縁関係を結ぶことで結束を強めていたのです。

彼ら四カ国の武士たちが、頼朝を中心に一つの大きな塊となって生み出したのが鎌倉幕府という政権でした。ですから、幕府が成立したあと、政治の要職を担ったのもこの地域の武士たちであり、頼朝の死後に起きる血で血を洗う権力闘争も、メインの舞台となったのはこの四カ国だったのです。

この四カ国以外にも有力な御家人はいましたが、彼らは鎌倉幕府の中枢に入ることはありませんでした。

たとえば千葉（上総、下総、安房）には千葉氏、上総氏など有力御家人がいましたが、彼らは幕府で要職を占めることはありませんでした。当時の千葉エリアは、地理的には、武蔵国との境に大きな川（代表は当時江戸湾に流れ込んでいた利根川）が何本も流れており、そこにできた広い湿地帯によって切り離されていたのです。また下野（栃木）の小山氏も大勢力でありながら、幕府中枢には入っていません。私は四カ国の武士と、その周辺の有力武士の間には、ある一線が引かれていたように思います。

四カ国を基盤として成立した鎌倉幕府は、関東の他の諸国の有力武士たちに、厳しい態度で迫ります。自分たちの傘下に入るか、もしくは敵として戦うか。そのなかで、常陸の佐竹氏は屈した。頼朝の叔父だった志田《しだ》義広、一時は頼朝に味方した上総広常などが滅び、そこに幕府の勢力が進出していくのです。そのなかで幕府に忠誠を誓い、生き延びた「四カ国外勢力」が、下総の千葉氏と下野の小山氏でした。

こうして出来上がった鎌倉幕府の序列は、おおよそ次の通りです。

幕府の式典では、当然、将軍が上座に座ります。その次のグループが、源氏の一門一族です。たとえば足利氏、新田氏などはここに入ります。その下が側近グループ、さらに将軍個人の親衛隊が固めます。北条氏はここに位置します。そして、その下にやっと一般の御家人である畠山氏や三浦氏といった東国四カ国の有力武士たちが名を連ねます。ここに名誉ある例外として、四カ国圏外の千葉氏、小山氏らが加わるのです。

東国限定「在地領主」の政権として

このように、頼朝のつくった鎌倉幕府（頼朝とその仲間たち）は、東国の四カ国の武士を中心とした政権であり、その最重要課題は、彼らの土地問題を解決することでした。頼朝は御家人たちを荘園の地頭に任命し、徴税、警察、裁判の責任者として所領を支配する権限を認めました。そして、その地頭の監督者として国ごとに守護を任命します。ここで重要なのは、従来の国衙や荘園の仕組みもまた温存されたことです。頼朝は、朝廷の持っている権限を侵すことなく、朝廷の秩序と一定の距離を保ちながら、自分たちの土地を安堵しようとしたのです。

そのため頼朝政権の権力が実質的に及ぶ範囲はあくまで東国中心でした。鎌倉幕府が地頭を任命できたのは、もともとの東国武士の土地に加え、「平家没官領《もつかんりよう》」という平家の旧領や謀反人の土地に限定されていたのです。

こうして東国に生まれた「頼朝とその仲間たち」の政権は、やがて頼朝の死という大きな画期を迎えることになります。そして、一定の距離を保っていたはずの朝廷との関係も、激しく動揺することとなるのです。

第二章　北条時政の〝将軍殺し〟

建久元年（一一九〇年）	源頼朝が権大納言、右近衛大将に任じられる。
建久三年（一一九二年）	頼朝が征夷大将軍になる。
建久六年（一一九五年）	頼朝が大姫入内工作を始める。
建久十年（一一九九年）	一月、頼朝が亡くなり、頼家が跡を継ぐ。 四月、十三人の御家人による合議制が始まる。
正治元年（一一九九年）	十二月、梶原景時が失脚する。
建仁二年（一二〇二年）	七月、頼家が将軍に就任する。
建仁三年（一二〇三年）	六月、阿野全成が殺される。 七月、頼家が病に倒れる。 九月、比企氏が滅亡する。 同月、実朝が将軍になり、頼家は伊豆に幽閉される。

〝頼朝暗殺〟説の背景

鎌倉時代後期に、鎌倉幕府がいかに成立し発展したのかを記す歴史書が編纂されました。それが『吾妻鏡』で、鎌倉幕府の動きを知る上で不可欠の史料といえます。しかし、この『吾妻鏡』には欠落した部分も多い。ことに、将軍の年代記の形を取っているのですが、それぞれの将軍の末期の記事に欠落が目立ちます。欠落の理由としては、史料がまだ整理されていなかったり、どう書いていいのか難しい時期だったりしたのではないかと考えられますが、いずれにしても未完の歴史書であることは間違いありません。

なかでも大きいのは頼朝の晩年、建久《けんきゅう》七（一一九六）年から建久九年の記事が全くないことです。建久十年一月十三日、頼朝は亡くなりますが、この死に至る数年間は、現在でも謎の多い時期として知られています。落馬の直後に亡くなっていることから、頼朝は暗殺されたなどという俗説も生まれましたが、もちろん決定的な証拠はなに一つありません。

そんな俗説まで生まれる背景には、この時期の鎌倉幕府が大きな問題を抱えていたこともあるでしょう。そのひとつは朝廷との関係でした。

なぜ義経は〝裏切り者〟なのか？

前の章で、富士川の合戦に圧勝し京都に攻め上ろうとした頼朝を、関東の有力武士たちが止める場面を紹介しましたが、平家を破った後も、頼朝は朝廷との関係にはきわめて慎重な態度を取ります。

後白河上皇をはじめとする朝廷は、新しく軍事覇権を握った鎌倉幕府をなんとか取り込もうとします。その最大の武器は「官位」でした。平家を負かした源氏勢に官位を与え、朝廷の秩序のなかに取り込もうとしたのです。後に詳しく述べますが、この時代には複数の実力者に仕えるのはごく普通に行なわれていました。たとえば朝廷と幕府の両方に仕えることも珍しいことではなかったのです。

しかし、そうした「常識」に反発したのが頼朝でした。東国の武士たちに対して、自分への奉公を第一にするよう強く求めたのです。これは鎌倉幕府が軍事を中核とすることからいっても、当然の選択といえるでしょう。戦場において、ある武士が自分と敵の両方に仕えているという状態では、まともに戦うことはできません。

さらに頼朝が警戒したのは、東国武士たちが朝廷に接近することでした。頼朝は「官位が欲しいなら、まず自分に言え。自分が京都と交渉する」と、御家人たちの任官は必ず自分を通すよう求めます。たとえば朝廷から検非違使《けびいし》（京都の治安、民政を担当）に任じられても、頼朝の口利きと認可が必要だ、としました。そうしないと、東国に誕生したばかりの「武士による、武士のための政権」を支える主従関係の秩序は、朝廷によって骨抜きにされ、簡単に崩壊してしまうと考えていたのです。

有名な逸話ですが、『吾妻鏡』には、断りなく朝廷から官職をもらった御家人を、頼朝が徹底的に脅す文書が収録されています。お前たちは、後白河上皇から勝手に官位をもらったのだから、そのまま京都で朝廷の家来となればいい、墨俣《すのまた》（美濃国）から東には帰って来るな。帰ってきたら死罪にする、と。

さらに官職をもらった御家人ひとりひとりを挙げて、「後藤基清《もときよ》　目はネズミ眼で、ただ伺候《しこう》しておればいいものを、任官などとんでもない」「梶原友景《かじわらともかげ》　声はしわがれ、後頭部の頭髪も刑部丞《ぎようぶのじよう》のがらではない」と激しく罵っています。この文書を、頼朝の心の狭さ、猜疑心などを表すものだといった解釈もありましたが、そうではないと思います。むしろ頼朝は、自分が東国に作りつつある、自分と御家人との直接的な結びつき（御恩と奉公）

による秩序がこれまでにない新しいものであること、そして、それが朝廷が依拠する古い秩序と本質的に対立するものであることをよく自覚していた。だから、官位の問題に激しくこだわったのだとみるべきでしょう。

その意味で、頼朝にとって最大の裏切り者となったのが、実の弟である源義経《よしつね》（一一五九～一一八九）でした。義経は平家追討のさなかの元暦《げんりやく》元（一一八四）年八月に、頼朝に無断で検非違使に就任、後白河上皇から左衛門少尉の官位をもらってしまいます。これが頼朝と義経の亀裂を決定的なものにしました。義経の行為は、頼朝が東国で取り組んでいる御家人たちとの新しい秩序を大きく揺るがす危険性があった。だから平家との戦いでの大功にもかかわらず、幕府の敵として追討される側になってしまったのです。

頼朝自身も、文治《ぶんじ》五（一一八九）年、按察使《あぜち》への任官を打診されましたが、辞退。翌年十一月には権大納言・右近衛大将に任じられますが、次の月には辞任しています。朝廷と距離をとることは、頼朝の政権にとって最重要課題のひとつだったのです。

大姫入内工作の手痛い失敗

前にも述べましたが、頼朝自身は京都育ち、上級武士のお坊ちゃまです。関東に比べ圧倒的に豊かな京都の暮しも、文化の高さもよく知っていたはずです。しかし、伊豆に流された後、鎌倉で地歩を固めてからも、上洛したのはたったの二度でした。それだけ京都に近づくのは危険だと考えていた。京都に近づいてしまうと、関東の武士たちとの間に距離ができてしまうと考えたのでしょう。

それだけ慎重だった頼朝の対朝廷政策が、晩年、大きく揺らぐのです。それが「大姫《おおひめ》入内事件」と呼ばれる出来事でした。入内《じゅだい》とは、内裏《だいり》に入る、すなわち天皇の妻となることです。

頼朝にとって長女・大姫は悩みの種でした。大姫が六歳の時、木曽義仲の息子の清水冠《かん》者《じゃ》義高（当時、十一歳）を許婚《いいなずけ》としたのですが、後に義仲を討った際に義高も殺してしまいます。大きなショックを受けた大姫は心を病んでしまいました。不幸な境遇にしてしまった娘に償いたいという思いだったのか、朝廷との関係を強化しようと考えたのか。頼朝は、この大姫を後鳥羽天皇の妻にしようと考えるのです。このときの頼朝の心境はよくわかりませんが、建久六（一一九五）年三月、頼朝は妻・政子、大姫らとともに京都にのぼり、大姫の入内に向けて工作を開始します。

それまで頼朝と朝廷とのパイプ役となっていたのは、太政大臣なども務めた九条兼実《かねざね》（一一四九〜一二〇七）でした。兼実は藤原本家の出身で、後白河上皇のやりたい放題の政治に批判的でした。その兼実を通じて、大姫入内を実現しようとしたのですが、そのとき、頼朝と兼実の間に割って入ったのが後白河上皇の側近、土御門通親《つちみかどみちちか》でした。権謀術数に長けた土御門通親は、やはり後白河上皇の寵愛を得て、権勢をふるった丹後局とともに、兼実を失脚させ、頼朝・兼実の協力関係を崩壊させたのです。

頼朝（と政子）は通親と丹後局に籠絡され、莫大な贈り物や荘園の安堵などをさせられた挙句、建久八年、大姫が病死したことで、この話は立ち消えとなりました。翌年、後鳥羽天皇は譲位しますが、次の天皇となったのは土御門天皇。その母は土御門通親の養女だったため、通親は外戚としてもさらに大きな力を持つようになります。

「大姫入内事件」は、したたかな朝廷政治に頼朝が翻弄された例だといえるでしょう。やはり朝廷に近づくとろくなことはない。そんな空気が鎌倉の御家人たちの間に生まれても不思議はなかったと思われます。

二代将軍・頼家は暗君か？

頼朝の死後、二代将軍となったのは二十一歳の嫡男源頼家でした。

これまでこの頼家の評価は非常に低かった。経験不足で未熟な将軍だったために、御家人の離反を招いたというわけです。実際、最後には幽閉され、政権から排除されてしまうのです。

『吾妻鏡』には、頼家の行政能力がいかに未熟であったかという例として、こんなエピソードが挙げられています。ある時、訴人《そにん》（原告）と論人《ろんにん》（被告）が、頼家のところに土地争いを持ち込みました。話を聞いていた頼家は、言い争っている二人の前で絵図に墨で線を引いて、こう言いました。

〈「土地の広狭は、その身の運不運によるべし。使節の時間を費やして現地を実検することは無駄である。今後の境相論についてはこの様に裁断するであろう。もし少しでも理を尽くしていないと思う者は相論をしてはならない」〉（『吾妻鏡』正治二年五月二十八日。以

下、引用は五味文彦、本郷和人編『現代語訳　吾妻鏡』吉川弘文館より）

御家人たちにとって最大の問題は何といっても土地争いでした。当時の訴訟のほとんどは土地をめぐるものです。武士同士が隣接する場所では必ずと言っていいほど、争いが起きました。鎌倉幕府自体が、そもそもこの問題の解決を望む在地領主によって生まれたことは、これまで述べてきたとおりです。

たいへん老練な政治家だった頼朝は、AとB両方の意見をきちんと聞きながら、「この辺りでどうだ」とお互いが納得する落としどころを見つけるのが上手かった。御家人たちも「頼朝様がおっしゃるんだから」と納得できたわけです。

それに対して、頼家の裁定はあまりにも乱暴で、未熟である。そう『吾妻鏡』は示唆しているのです。

しかし、頼朝の裁定をみなが受け入れたのは、その落としどころが妥当だっただけではなく、頼朝が自分の決定に従わせる力を持っていたからです。私はその力を「王権」と呼びます。つまり、「王」が決めてしまえば、皆が「わかりました」と従ってしまう。そのような威厳を持った人が「王」なのです。

双方の言い分のすり合わせは、「王」でなくてもできます。後に触れますが、頼朝は大《おお》

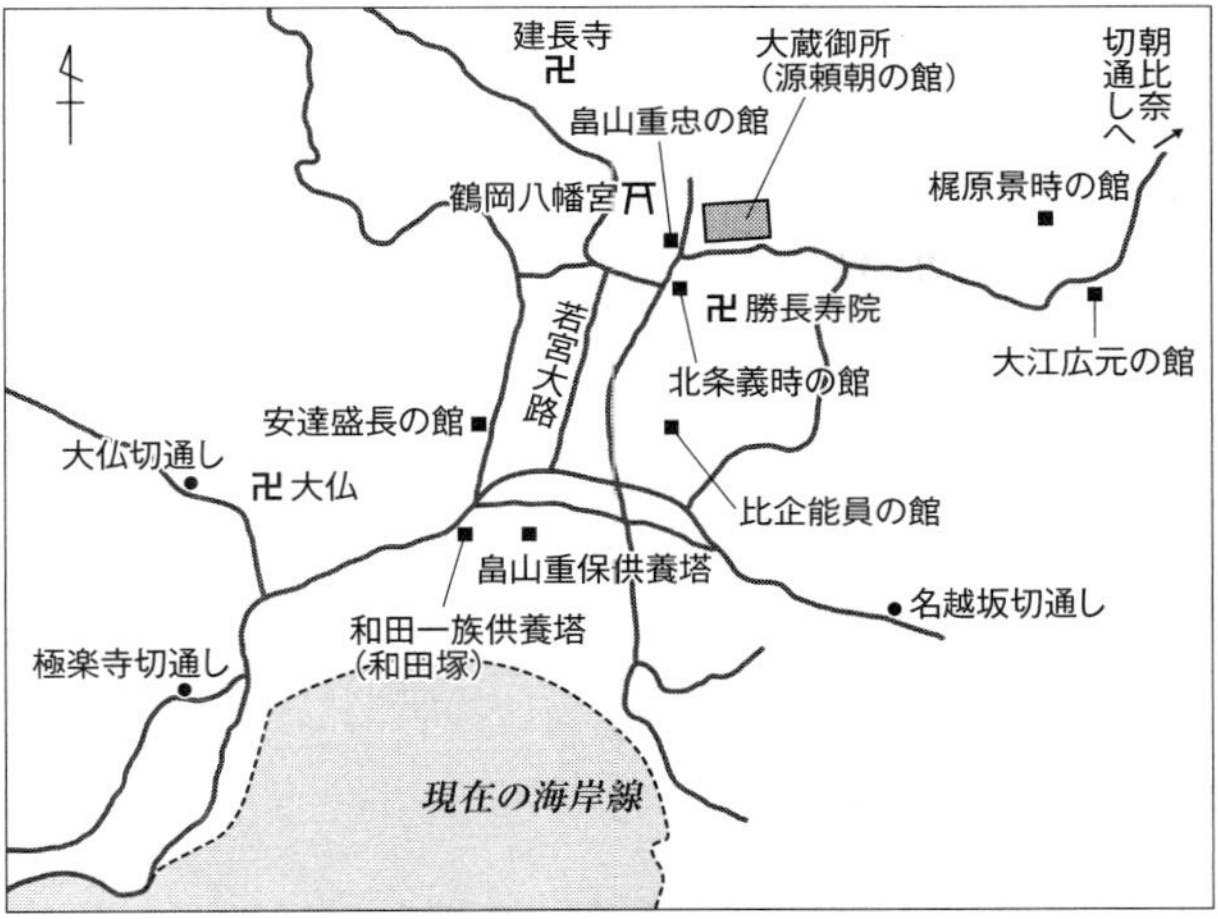

中世の鎌倉（館跡は推定）

江《えの》（中原）広元《ひろもと》（一一四八〜一二二五）をはじめ、文官のスタッフを集め、実務にあたらせていました。彼ら文官集団は、当然、頼家にも引き継がれ、新しい将軍をサポートしたはずです。頼家の役割はそれでも決着がつかない問題を、「えいや！」と決めることです。その意味では、必ずしも頼家は将軍失格とはいえない。当時の武士にとって、二十一歳という年齢はけっして若すぎるということはありません。ずっと後になりますが、元寇のときの執権、北条時宗《ときむね》は十四歳で連署《れんしょ》（執権の補佐）、十八歳で執権となっています。では、なぜ頼家は排除されてしまったのか？

そのとき、頭に置いておいたほうがいいのは、『吾妻鏡』は誰によって、何の目的で書かれたか、ということです。鎌倉後期、幕府を動かしていたのは言うまでもなく北条氏でした。『吾妻鏡』は基本的には北条氏支配を正当化するための歴史書だといえます。

では誰が頼家を排除したのか？　これからみていくように、反頼家の動きの中心となったのは、間違いなく北条時政でした。つまり、北条氏が実権を握っていく歴史を正当化するためにも、頼家は暗君として描かれなければならなかった。そう考えることも可能なのです。

『吾妻鏡』には、こんな逸話も記されています。

安達景盛《かげもり》（?～一二四八）（盛長の子）が京都から招いた女性を妾女にしていました。頼家は、景盛が賊の討伐に出かけたすきに、この女性を半ば強引に御所の北側にある家に住まわせ、自身もそこに住むようになりました。すると、頼家に「あの女性のことで、景盛は頼家様を恨んでいるようです」と讒言《ざんげん》する者があらわれます。これに怒った頼家は、「景盛を誅殺せよ」と命じました。そこに北条政子が現れて、頼家を「余りに軽率だ」と叱りつけた、というものです。

真偽の程も定かならぬ話ですが、とにかく頼家がいかに将軍にふさわしくないかを描こうとしていることだけは確かだと思います。

定かではない北条氏のルーツ

そもそも北条氏とは何者なのか？　そして頼朝と出会う前、北条時政とはいかなる人物だったのか？　実は、これはほとんど定かではありません。

北条氏が伊豆長岡にある北条郷に本拠を持っていたことは確かです。平成になって、伊豆の国市にある北条氏の館があった場所を発掘したところ、大量の出土遺物と建物跡が見つかっています。そこから北条氏は豊かで大きな勢力をもっていた武士であるという説もありますが、少なくとも文献資料では、北条時政以前にはまったく活躍の記録が確認されていません。平家の血を引いているのは嘘ではないとは思いますが、系図自体がどうもはっきりしないのです。

さらに言うと、時政は北条氏の本家の当主ではなかった可能性もあります。時政の親族に北条時定《ときさだ》という人物がいますが、この人は早い時期から官職を持っている。時政は、その時点では何の官職も持っておらず、北条四郎と表記されています。

『吾妻鏡』では、時政を「当国の豪傑」としていますが、これは他に特筆すべきことがないときの常套句《じょうとうく》です。つまり、大した財力も官位もなく、地元以外には名前もほとんど知られていない田舎武士だったと考えて間違いないでしょう。

頼朝の旗揚げの時、北条時政は持てるすべてを挙げて、サポートをしたはずです。もし、失敗することがあれば、平家によって滅ぼされてしまうことは確実だからです。背水の陣で臨んだ時政が集めた兵隊は五十人から六十人程度。一国を代表する武士は三百人ぐらいの動員力をもっていましたので、その五分の一程度の小さな勢力だったわけです。

ただし、地方の無名な小領主であってもあなどってはなりません。私が、時政はやはりただ者ではなかったと実感したのは、彼の直筆の手紙を見たときです。当時の武士のほとんどはまともに文字を書くことができませんでしたが、彼はきちんとした綺麗な文字を書くことができたのです。

また、時政は義経追討問題の処理のために、文治元（一一八五）年、京都入りし、朝廷との交渉を行ないます。守護・地頭の設置を認めさせたほか、京都の治安維持や平氏の残党狩りなど多岐にわたる仕事をこなし、「京都守護」と呼ばれるほどの成果を挙げました。その意味で、時政は豪傑風の武士というより、知謀、陰謀に長けた政治家タイプだったのでしょう。

頼朝が最も信頼した比企氏

北条氏といえば、頼朝の正室、政子の実家ということもあり、頼朝が最も信頼を寄せ、後事を託した最側近と思われている方も多いかもしれません。しかし、それは『吾妻鏡』によって巧妙に作られたイメージの部分が少なくないのです。

頼朝、頼家二代の将軍から実力者として重用された人物としては、梶原景時《かげとき》（?～一二〇〇）が挙げられます。そして、頼朝が最も信頼を寄せた一族は比企《ひき》氏でした。先回りして言えば、この梶原、比企の両氏を謀略によって滅ぼすことで、北条時政は幕府の主導権を握ったのです。

では、鎌倉幕府のなかでも重臣中の重臣だった比企氏について説明しましょう。

後世のイメージに反して、鎌倉時代は女性の地位が高い時代でした。それを端的にあらわすのが、母、乳母の発言力が非常に大きいことです。頼朝が助けられたのも、清盛の継母、池禅尼の嘆願によるものでした。

確認されているだけでも頼朝には四人の乳母がいましたが、その一人が武蔵国の有力武士比企氏の女性、比企尼でした。頼朝は彼女にとても懐きました。比企尼が偉かったのは、平家に追われる境遇となってからも頼朝を以前と変わらず可愛がり、支援し続けたところにあります。頼朝少年が伊豆国に流されると、それまで京都に暮らしていた比企尼は嫁ぎ先の武蔵国の比企郡に戻りました。そこから彼女は、頼朝のもとに生活物資を送り続けたのです。

これは、単なる仕送りというにはあまりに危険な行為でした。当時は平家の全盛期です。平家の敵である源氏の御曹司を支えているということで、下手をすると謀反人だと疑われて殺されることもあり得るのです。

さらには三人の娘婿も頼朝を支えました。比企尼の長女は丹後内侍。その夫の安達盛長は前章でも登場した、流刑時代の頼朝の唯一の従者でした。頼朝は、二人の娘を、弟の源範頼《のりより》の妻とします。源氏と深い縁で結ばれた安達氏は、鎌倉幕府の重鎮としてその後も繁栄します。

次女・河越尼は、「武蔵随一」と称えられた御家人・河越重頼に嫁ぎました。この二人の間に生まれた娘は、やはり頼朝の命で、義経の正室になっています。ただし不運なことに、河越重頼は義経追討に連座するかたちで頼朝の責めを受け、誅殺されてしまいました。そもそも義経と縁付けたのは頼朝なのですから、私たちから見ると理不尽なようにも思えますが、同時代の武士たちは当然のことと捉えている。この時代、結婚によって生じる結びつきはそれだけ重いものだったのです。たとえばある家が幕府に対して謀反を起こしたら、その家から嫁をもらった武士もいっしょに幕府と戦わなければなりません。娘を誰と結婚させるかは究極の人事でもあり、同盟の締結でもあったのです。ちなみに、重頼なきあとの土地は、頼朝の安堵により、河越尼が切り盛りしました。

比企尼の三女の夫、伊東祐清《すけきよ》も、伊豆時代の頼朝を世話した武士でした。しかし、祐清は主君である平家の側について戦死します。未亡人となった比企尼の三女が、やはり頼朝のとりもちで再婚した相手が、源氏一門の最上席である平賀《ひらが》氏当主の平賀義信《よしのぶ》（一一四三〜？）だったのです。この平賀氏は承久の乱で非常に重要な役割を果たしますので、覚えておいてください。

さらに比企氏と頼朝一家との結びつきは強くなっていきます。

比企尼の次女と三女が頼朝の嫡男頼家の乳母になったのです。頼家は実母の政子のいる館ではなく、比企の館で育てられました。頼家は母の実家である北条氏よりも、比企氏に親近感を持つ将軍となります。

また頼家は、比企氏の当主で比企尼の甥といわれる比企能員《よしかず》（?〜一二〇三）の娘、若《わか》狭《さ》局を妻にしました。若狭局は、一幡《いちまん》という嫡男も生みます。つまり頼朝を不遇時代から支えた比企氏は、二代将軍頼家の育ての親となり、さらには次代の将軍候補の外戚でもある、という最強のポジションを占めていたのです。

逆に言えば、頼朝は最も信頼している比企氏を、何重にも頼家と結びつけることで、頼家の政権基盤を磐石のものにしようとしたのでしょう。

「十三人の合議制」という政変

これに対して、北条時政はどんな手を打っていったのでしょうか。

頼家が家督を継いで三カ月後の建久十（一一九九）年四月、幕府は十三人の有力者による合議制を導入します。

〈様々な訴訟については、羽林《うりん》（源頼家）が直に決断されることを停止し、今後は大小の事については〉十三人が話し合って処置すること。〈その他の者が理由もなく訴訟のこと

を（頼家に）取り次いではならない、と定められた〉（『吾妻鏡』建久十年四月十二日）

これは権力の本質を見る上で非常に面白いので、詳しく見ていくことにしましょう。

時政ら十三人は権力を握りましたが、新しい政権を作るのではなく、将軍である頼家の存在は否定しませんでした。つまり、武家のトップであることを辞めさせはしなかったのです。

一方で、頼家は政治への関与が今までのようにはできなくなります。土地争いの裁定や飢饉の対策といった政治行政を、頼家の手から遠ざけるようなシステムを生んだのです。では、頼家に何をしていたのかといえば、土地の安堵をしたときの保障や、代替わりした御家人が「父に代わり私がお仕えすることになりました」と挨拶にくれば「よろしく頼むぞ」と声をかけるようなことが主な仕事になります。主従関係に根差した権威付けが、頼家の仕事になったわけです。つまり、「元首としての将軍」から「象徴としての将軍」になってしまったのです。その意味では、この合議制の導入は、一種の政変だと捉えることができるでしょう。

頼家から権力を取り上げた十三人の顔ぶれを見ていくと興味深いものが見えてきます。まず中原親能《ちかよし》、大江広元、三善康信、二階堂行政《ゆきまさ》の四人はいずれも文官です。他はすべて御家人で、三浦義澄、八田知家、和田義盛、比企能員、安達盛長、足立遠元（盛長の甥との説もある)、梶原景時、そして北条時政、北条義時の親子です。

これらのメンバーをグループ分けすると、①将軍の手足となって動くべき文官、②梶原景時、比企能員など頼家に近い御家人、そして、③北条氏らその他の有力御家人、となります。

史料にはこの政変の首謀者は書かれていませんが、北条時政が主導したのは間違いないでしょう。

その理由はこうです。まず文官は、将軍権力を直接支えることがその本質です。王＋官僚ですべてを進めるのが、彼らの本来の姿ですから、合議制を導入する必要はありません。さらに比企氏、梶原氏は頼家の腹心ですから、わざわざ将軍権力を抑える仕組みをつくる必要はありません。

残った第三のグループで、ある程度、政治的な力を持っていて、さらなる権力の伸張が望める人物は誰か。そして十三人のなかに唯一、親子二人が入っている一族はどこか。そう考えると、おのずと北条氏が浮かび上がってきます。

将軍権力への危機感

問題はむしろ時政の仕掛けを、なぜその他の有力御家人たちが支持したかという点にあります。

私は、その理由は、頼家が頼りなかったからではなく、その逆に、将軍の権力が強くなりすぎているという危機感を、有力御家人たちが持ち始めたからではないかと考えます。

頼朝が鎌倉に拠点を構えた時点では、その権力の源泉はまさに在地領主である御家人たちとのかたい結びつきにありました。だから、頼朝は彼らの意向を受け入れ、京都ではなく関東を基盤として選んだのです。しかし、次第に頼朝の権力が強まり「独裁者」として振舞うようになると、必ずしも頼朝の決断が御家人たちの利益にならない場合も出てきます。その一例が先ほど述べた「大姫入内工作」でしょう。朝廷側と頼朝が直接交渉し、しかも向こうのいいように操られ、土地の安堵までしてしまっている。在地領主たちが望む方向とはかなりズレたものだったことは間違いありません。

そして頼家もまた自分の「王」としての力を積極的に行使するタイプでした。先に紹介した土地争いのエピソードは、頼家の決定者として振舞おうとする態度、すなわち「将軍らしさ」をあらわすものと読むことができます。

強まる「将軍専制体制」に御家人たちが不満を感じても、頼朝にはその不満をぶつけることはできませんでした。それは「頼朝とその仲間たち」である鎌倉幕府そのものへの批判となり、場合によっては自分たちの正当性すら失われてしまうからです。

そこに登場したのが若い頼家でした。年若く経験の少ない頼家の些細なミスをことさらに否定的に取り上げ、「暗君」のレッテルを貼る。そして「まだまだ若い頼家様には任せられない。そもそも我らが血を流して作り上げた政権だ。頼家様が経験を積むまで我々で仕切ろうではないか」と、最古参の一人である時政が誘えば、有力御家人たちを「確かにそうだな」と思わせることができたのではないでしょうか。

将軍への権力集中を食い止め、「御家人による御家人のための政治」を実現しよう——。その点で、有力御家人たちの利害は一致した、と私は考えます。

頼家の最側近であるはずの比企能員と梶原景時が、この十三人の合議制に加わっているのは不思議ですが、彼らとしても、その他の有力御家人を敵に回してもやっていけるほど、頼家体制は強くないと判断したのかもしれません。

文官たちの役割

ここで鎌倉幕府の文官たちについて触れておきましょう。鎌倉幕府は、政治を武士たちだけで行っていたのではありません。行政の実務を進めるには、文書作成に秀でた文官が必要でした。たとえば裁判を行ったあとにはきちんとした形式にのっとった証文を作成する必要がありますが、そもそも関東の武士たちには、文字を読み書きできる者が非常に少なかった。のちに承久の乱が平定されたあと、京都に入った鎌倉武士たちは、揃いも揃って院宣《いんぜん》を読むことができなかった、と『吾妻鏡』に載っているほどです。

頼朝が政治感覚に優れている点は、旗揚げした当初から、行政を担える文官集団を組織しようと構想していたことです。「あそこに物知りがいるぞ」と聞けば、「俺の家来にならないか?」とスカウトするのです。そうして出会ったのが、京都から相模に流れ着いた中原親能（一一四三〜一二〇八）という男でした。さらに頼朝は、一緒にいた大江（中原）広元（中原親能の弟とも従弟ともいわれる）も登用します。この二人を採用したことが、単なる武装集団だった「源頼朝とその仲間たち」を、統治能力を備えた本格的な武家政権へと脱皮させることになるのです。

中原と大江の二人はもともと京都で朝廷に仕えていた下級貴族でした。しかし、藤原氏全盛の朝廷では、彼らのような末端の貴族は、とても出世は望めません。そこで一旗揚げようと、関東にやってきたのです。中原の父は朝廷の明法《みようぼう》博士だったとされています。かつては後白河上皇に仕え、京都の公家にも人脈がありました。

中国の文官は、選抜試験である科挙にさえ受かれば、官僚として朝廷に仕え、出世することができます。しかし、日本では律令制を取り入れたにもかかわらず、科挙は導入されませんでした。血筋とコネが重要視され、能力がいくら高くても上にはいけないのです。そういった人々にとって、地方は残された希望でもありました。中央での出世は無理でも、地方に出て行くと、読み書きなどの能力は貴重なものとして、驚くほど重宝されたのです。京都と地方の圧倒的な学問や文化の格差が存在していたために、彼ら下級官僚の能力を生かす場はいくらでもあったのです。

頼朝の家来となった中原と大江は、行政関連の仕事を一手に引き受けます。頼朝への権力集中が強化されていったのにも、彼ら文官の貢献は大きかったでしょう。いつの時代においても、政権が安定するためには彼らのような文官集団の力が欠かせません。戦国時代を終わらせ天下統一を果たした豊臣秀吉が、石田三成や長束《なつか》正家などの文官を重用するようになったことにも通じるものがあります。

時政による合議制クーデターが成功したことから鑑《かんが》みると、頼家は中原や大江ら文官たちの支持を失いつつあったのかもしれません。両者の間に楔《くさび》を打ち込んだ人物こそ、北条時政だったのではないかと私はにらんでいます。時政がいかに文官工作を行なったかは、後に比企氏の乱のところで説明しましょう。

狙われた梶原景時

合議制を導入し、頼家の権力に歯止めをかけた時政が、次にターゲットにしたのは梶原景時でした。慈円《じえん》の書いた『愚管抄《ぐかんしょう》』では、梶原景時は「鎌倉の本体の武士（頼朝第一の家来）」と評され、頼家の「一の郎等」とも記されています。郎等（党）とは側近という意味ですから、二代の将軍の側近ナンバー1と目された人物でした。

鎌倉幕府の役職に「侍所《さむらいどころ》」があります。その具体的な職能ははっきりとはわかりませんが、軍事、警察を司っていたと考えられています。この侍所の別当《べっとう》（長官）を務めていたのが梶原景時でした。景時は、他の武士が頼朝と主従関係を結ぶ場に臨席し、敵の首を打ち取ったときに検分する役目を担っています。武士にとって晴れの場所に同席して、その証人になるという非常に重要な役目でした。

よく知られているのは、屋島の平家軍を攻撃する際の義経と景時のやりとりです。指揮官だった義経に、副官を務めていた景時が進言をしました。「船で攻撃をするのであれば、逆櫓《さかろ》をつけて、進むことも引くことも自由に出来るようにいたしましょう」。すると義経は「戦の初めから逃げる準備をしてどうする」と言って、この提案を一蹴しました。戦のことを知らないと馬鹿にされたことを恨んだ景時は義経のことを讒言《ざんげん》し、失脚させたとして、『平家物語』や『義経記《ぎけいき》』ではすっかり悪役にされています。

しかし、これは正当な評価とは言い難いでしょう。そもそも義経の副官や、侍所の重職を任されたのも、頼朝はじめ、多くの武士に、戦闘能力の高さを認められていたからこそです。頼朝にとって危険な存在となっていた上総広常を自ら暗殺したのも景時でした。頼朝の命であれば、手を汚すことも厭わない。しかも弁舌に長け、和歌をたしなむ教養人でもありました。文武両道に秀でた人材が景時だったのです。

むしろ頼朝に重用され、頼家にも信頼されすぎたことが、他の御家人の嫉妬を買ってしまった面は否めないでしょう。権力者が庇護できるうちは、そうした不満は押し留められているのですが、きっかけがあると一気に噴出するものです。それを時政は見逃しませんでした。

六十六人の弾劾状

景時失脚のきっかけは、ささいなことでした。

ある時、北関東の有力な御家人・結城朝光《ともみつ》（一一六八〜一二五四）が他の御家人たちの前で、「忠臣は二君に仕えずというけれど、俺も頼朝様には過分なほど恩を賜ったが、遺言があったから出家はしなかった。でも、亡くなったときに頭を剃って仏門に入ればよかったなあ。今の世は生きにくくて薄氷を踏む思いだ」と愚痴をこぼしました。結城朝光は頼朝の大のお気に入りで、「隠し子」ではないかと言われるほど可愛がられた御家人でした。朝光にしてみれば、他意はなく、頼朝追慕の想いを口にしただけかもしれません。周りにいた者たちも、涙を流したそうです。

ところが二日ほど経ったある日、阿波《あわ》局が朝光にこう伝えます。

「梶原景時殿が、『先日の朝光の発言は頼家様には仕える気はないという意思表示に他ならない』と訴え、頼家様の命令であなたを討つことになったそうです」

ちなみに阿波局は時政の娘で、頼朝の異母弟である阿野全成《あのぜんせい》（一一五三〜一二〇三）に嫁ぎ、源実朝の乳母を務めた女性です。これを聞いた朝光は驚いて、仲の良かった三浦義《よし》村《むら》（?〜一二三九）のところへと駆け込みます。ことの次第を聞いた義村は、

〈「景時の讒言によって命を落としたり、職を失ったりした者は数え切れない。あるいは今も生きており、あるいは代々の憤りを含む者は多い。（中略）世の為、君（頼家）の為にも、（景時を）退治しなければならない」〉（『吾妻鏡』正治《しょうじ》元年十月二十七日）

と言うと、近しい仲間を集めて、「梶原景時は普段こんなことをやっているとんでもない奴だ」と弾劾することに決めました。

すると、次から次へと御家人がやって来て、「俺も、俺も」と賛同者が増えていきます。結果、六十六人の御家人が名前を連ねる弾劾状が出来あがって、和田義盛（一一四七〜一二一三）と三浦義村が頼家に提出したのです。

頼家は、「何か申し述べたいことはあるか」と景時に対して弁明の機会を与えたのですが、景時は、何一つ抗弁せず、自分の領地である相模一宮に帰ってしまいます。正治元

（一一九九）年十一月のことでした。

しばらく謹慎し、ひと月ほど経って再び鎌倉に出仕した景時に下されたのは、「鎌倉追放」の命令でした。頼家は景時をかばいきれず、弾劾状を受け入れてしまったのです。再び一宮に戻り、鎌倉にあった屋敷も破壊されると、「もうこいつらとはやっていけない」と考えた景時は西へ向かいます。

景時、討たれる

当時、鎌倉幕府がカバーしていたのは「東国の武士」が中心で、西では平家の旧領を押さえるようになったくらいでした。京都を中心とする西国には、朝廷に直接仕える「西国の武士」たちがいたのです。教養人でもあった景時は、土御門通親や、和歌を教わっていた徳大寺《とくだいじ》家などの貴族とも太いパイプを持っていました。景時が京都で再起を図ろうとした可能性は十分に考えられます。このように、鎌倉幕府とうまくいかなくなった武士が京都で朝廷の庇護を求めるというパターンは、承久の乱を理解する上でも重要な点です。

しかし、正治二（一二〇〇）年、上洛の途中、駿河国の清見関で、〝たまたま出くわした〟御家人の吉川友兼《きっかわともかね》らと戦闘状態となります。梶原景時とその一族は、その場で全員討ち果たされました。この〝たまたま出くわした〟というのは、多分、大嘘です。吉川らは待ち伏せをしていた可能性が高い。

梶原一族が滅ぼされた後、梶原派の残党狩りが全国のあちこちで数カ月にわたって行われたと『吾妻鏡』には記されています。たとえば、源平合戦の中で滅ぼされた越後の城氏や奥州藤原氏の生き残りが相次いで乱を起こしています。彼らは、いずれも景時のとりなしで頼朝に仕えたり、命を救われたりした武士でした。景時が、単なる御家人の存在を超えて、全国の武士と鎌倉幕府をつなぐ存在だったことがわかります。

時政の陰謀という視点から、この景時失脚の顚末をみると、明快な筋書きが浮かび上がってきます。そもそも結城朝光に景時が讒言をしていると伝えた阿波局は、時政の娘です。吉川らが景時を〝待ち伏せ〟した駿河国の守護は北条時政でした。おそらく時政の命を受けていたのでしょう。

景時一行を襲撃した吉川友兼は、矢傷がもとですぐに亡くなりますが、その息子が褒美として、播磨国にあった旧梶原領の地頭になりました。ちなみに吉川氏はのちに安芸国にも進出し、戦国時代には毛利元就の息子が養子に入りました。それが毛利三本の矢の一人、吉川元春です。

もうひとつ、論功行賞のにおいがする人事が行なわれました。景時は播磨国の守護を務めていましたが、景時の死後は、結城朝光の兄、小山朝政《ともまさ》（一一五八〜一二三八）のものになったのです。播磨国は当時の最も豊かな国の一つ。それを小山氏はまんまと手に入れたのです。こうしてみると、「景時の讒言の噂」に慌てふためいてみせた朝光も、すべて承知のうえで、景時追い落としの陰謀に乗って猿芝居を演じたように見えてきます。

頼家の反撃

一方、頼家側も自らの側近が排除されるのを黙って見ているだけではありませんでした。北条氏の側に対して反撃に出ているのです。

景時讒言事件で重要な役割を果たした阿波局。その夫は前にも触れたように、頼朝の弟である阿野全成でした。『義経記』『平治物語』などの軍記物では、義経の母、常盤《ときわ》御前の物語が語られます。彼女は義朝との間に今若、乙若、牛若の三人の男の子を生むのですが、このうち牛若はもちろん義経。今若が成人して、阿野全成となるのです。

全成は、当然、妻の父である北条時政と深く結びついていました。そして建仁三（一二〇三）年五月、ついに頼家に謀反の疑いをかけられ、あっという間に殺害されてしまうのです。この時点で、頼朝の兄弟はすべて亡くなったことになります。このとき頼家の命で全成を殺害したのは、合議制のメンバーの一人、八田知家でした。八田は下野国の国司でもあった名門、宇都宮氏の出身で、保元の乱で源義朝側について功績を挙げ、頼朝挙兵にも早くから呼応した人物でした。

頼家はさらに阿波局の行方を捜しますが、北条政子が彼女を匿《かくま》い、引渡しを拒否したために助かりました。

「比企氏の乱」の内幕

こうして頼家と時政の対立が深まる中、建仁三年七月、頼家は病に倒れます。そこで持ち上がったのは頼家の後継者問題でした。

〈関西三十八ヵ国の地頭職を弟で十歳の千幡《せんまん》君（のちの実朝）に譲られ、関東二十八ヵ国の地頭ならびに惣《そう》守護職を、御長男で六歳の一幡君に与えられた〉（『吾妻鏡』建仁三年八

月二十七日）

西日本を実朝が、東日本を一幡が分割して統治することになったのです。このとき、頼家の嫡男である一幡は、比企氏の館で育てられていました。鎌倉幕府の本拠地である関東が一幡に与えられていることからもわかるように、頼家・比企氏グループは一幡を後継者と考えていたのです。それに対して、実朝の乳母は阿波局（時政の娘）ですから、当然、北条氏は実朝を将軍にしたい。実朝・一幡の後継者争いは、北条氏vs.頼家・比企氏の争いだったのです。

『吾妻鏡』には、このときの状況が〈人が語り合うところでは、「叔父・甥の不和がすぐに起こるであろう。関東の安否は、まさにこの時にかかっている。」という〉と記されています。

そこで動いたのが、頼家の最側近ともいうべき比企氏のトップ、比企能員でした。九月二日になって能員は娘の若狭局（頼家の妻）を通じて、「北条時政を今こそ討つべきです。北条時政の一族がいては、一幡様の治世が奪われるかもしれません」と頼家に進言します。それを聞いた頼家は能員を呼び寄せ、北条時政の追討を了承します。

ところが、『吾妻鏡』によれば、尼御台所（北条政子）に〈障子を隔てて秘かにこの密事を聞かれ〉てしまいます。政子は急ぎ時政に知らせました。

時政の反応は素早いものでした。すぐに大江広元と面会し、能員の追討について相談します。ここで時政がまず相談した相手が、文官の大江広元だったという点が興味深い。いったん自分の館に戻り、能員を討つ算段を話し合った時政は、もう一度、広元と面会するのです。

そのあと、時政は、比企能員に使者を送ります。

「仏像供養の儀式をうちの館で行いますので是非いらしてください。これを機会にいろいろ相談しましょう」という時政の誘いに、能員はろくに家来も連れずにのこのこ北条館にやってきました。このときの一部始終を目撃した小代《しょうだい》氏という御家人の残した文書によると、能員は鎧兜で武装したわけでもなく、烏帽子《えぼし》をかぶり平服でやってきたそうです。

〈(比企能員が）惣門を入り、廊の沓脱《くつぬぎ》に上がって妻戸を通り、北面に参ろうとした。その時、蓮景・忠常が作合の脇戸の際に立ち向かい、能員の左右の手を摑み、築山の麓の竹藪の中に引き倒して躊躇せず誅殺した〉(『吾妻鏡』同年九月二日)

時政の館にいた天野遠景《とおかげ》(蓮景）と新田《にった》(仁田）忠常が、比企能員を捕まえてあっさり斬り殺してしまった。あまりにもあっさりした、無造作な暗殺劇でした。

時政の軍勢は能員を殺した勢いで、そのまま一気に鎌倉の比企館に攻め込みます。そして、比企館にいた頼家の嫡男の一幡も殺してしまいます。比企館の人々は皆殺しにされ、頼家を支えていた比企氏は、たった一日で完全に滅ぼされたのです。このとき時政側として動員されたのは、北条義時・泰時親子、平賀朝雅《ともまさ》、小山朝政、結城朝光、畠山重忠、三浦義村、和田義盛といったところで、有力御家人が多数参加しています。まさに電光石火の早業で、反撃の隙を与えない時政の圧勝でした。これがいわゆる「比企氏の乱」です。

時政の周到な準備

しかし、『吾妻鏡』の描くように、偶然、時政の粛清が耳にはいったから反撃した、というストーリーはあまりに出来過ぎています。これだけの大陰謀を一日のうちに実行するのは、どう考えても手際が良すぎるのです。

鎌倉は狭い土地ですから、どの御家人もふだんはたくさんの兵隊を駐屯させてはいません。ところが、北条時政は比企能員を殺害したあと、一気に比企館に攻め込むだけの兵隊をすでに呼び寄せていたわけです。

そうした時政の周到な準備をうかがわせるヒントは、比企氏滅亡の前日、九月一日の『吾妻鏡』の記述に隠されているように思えます。

〈将軍家（源頼家）のご病気については、祈禱も治療もともにその効果はないに等しかった。このため鎌倉中がたいへん騒がしく、諸国の御家人らが急ぎ参上した〉（『吾妻鏡』同年九月一日）

つまり、この事件が起こった日は、鎌倉には普段より多くの御家人が参集しており、何か不穏な空気が漂っていたのです。とはいえ、他国に攻め込むほどの大軍を呼び寄せていたとも思えず、比企の館を襲ったのは少数精鋭だったと思います。

さらには、時政は比企氏シンパの切り崩しに成功していました。たとえば源氏の一族の重鎮である平賀義信は、比企尼の娘をもらっています。これだけだと平賀氏は比企側についてしまいますが、義信の息子の朝雅（？〜一二〇五）は時政の娘と結婚していました。このために平賀氏は「比企氏の乱」では時政に味方しました。

比企尼の長女をもらっていた安達盛長も同様で、北条氏に娘を嫁がせ、時政と良好な関係を作っていたために、比企氏と北条氏の対立のなかで、中立の立場を保ちました。

武士同士の婚姻は同盟工作の面が色濃くあります。複数の有力な武士と婚姻関係を結び、そのときの情勢に合わせて、立場を決められるようにしておくのは、基本的な外交戦略だったといえるでしょう。

大江広元の苦悩

さらに注目したいのは、文官のトップ、大江広元への働きかけです。実は、『吾妻鏡』は比企氏の滅亡に関して非常に難解な書き方をしていて、読みとりにくい部分でもありますが、中でも大江広元との二度の会談は非常に解釈が難しい。

しかし、この場面にこそ、時政の周到さ、政治的センスがあらわれていると私は考えます。

頼朝が組織した文官集団は、鎌倉幕府において取替えのきかない貴重な存在でした。行政、朝廷との外交の実務を切り盛りできるのは、鎌倉では彼らだけだったのです。時政からしても、自分が幕府政治を動かすために絶対に必要な集団ですが、この時点では大江らが比企氏に付くのか時政に付くのか、最終的な結論が出ていなかった。

だから、真っ先に時政は広元の館に行き、話をしているのです。時政の「比企氏を討伐すべきだろうか」という問いかけに、広元は「政道に助力してはおりますが、兵法については是非をわきまえていません。誅殺するか否かは、お考えにお任せします」と答えます。しばらくして時政に自分の館に来るように誘われた広元は、気が進まないまま向かいます。その道中、自分の家来に「重大事については、今朝、こまごまと協議を詰められた。しかし、再び時政に呼ばれることは、まことに理解しがたい。もし不慮のことがあれば、お前がまず私を手にかけよ」と言ったと伝えられています。広元の緊張感が伝わる言葉です。時政と広元の二度目の会談の内容は伝わっていません。おそらく時政は広元に北条と比企、どちらにつくのかと迫ったのでしょう。広元にとっても、まさに命がけのやりとりでした。時政の陰謀が失敗して、比企氏の反撃に遭い、一幡－比企体制となる可能性もあるのです。

比企館襲撃の手はずまで整えていたこと、さらには比企氏滅亡後の幕府運営に備え、文官にまで手を打っていたこと。ここから私は、「比企氏の乱」は時政によって周到に仕組まれた謀略だったと考えます。

しかも頼家が重病で人事不省に陥っていたタイミングを見計らって、事を起こしている。もし頼家が健康で、将軍としての権力を行使できる状態だったら、そもそも、このような陰謀は成立しなかったでしょう。比企氏を首尾よく討てたとしても、頼家が怒って「北条を討つのだ！」と御家人を総動員して、北条氏を潰しにかかったかも知れません。実際、阿野全成のときは頼家の命令下、有力御家人たちが討伐を実行したのです。

それに対して、私には比企能員という人物がよく理解できません。時政追討の密議がこんなに早く洩れているとは思わなかったにせよ、最大の政敵の招きに対しあまりにも無防備です（そもそも時政追討の密議自体が時政によるでっち上げだった可能性もあります）。現に能員の側近たちは、時政の誘いに乗らないように、と止めていたことが『吾妻鏡』にも書かれています。

能員には、政治的センスというものがまったく感じられません。自分が守り立てるべき頼家の権力を制限する合議制のメンバーにもなり、梶原景時の弾劾状を出した六十六人にも名前を連ねています。自分で自分の首を絞めているようなものなのですが、自分の本当の敵は誰なのか。その敵を倒すために誰と手を組むべきなのかがまったくわかっていなかったのです。

さらに時政は、念の入ったことに、能員殺しの実行犯の口封じを忘れませんでした。新田（仁田）忠常は事件の四日後に殺され、天野遠景は不遇なまま生涯を終えています。この後、北条氏はこの手口をよく使うようになります。「誰それはこんな罪を犯したから殺してこい」と命じておいて、後で「あれは間違いだった。お前は無実の人を殺した殺人犯だ」と無茶苦茶な理屈をつけて、実行犯まで消してしまうのです。

頼家を修善寺に幽閉

比企氏の滅亡後、時政は、頼家の弟で、北条家で育てられていた千幡（のちの実朝）をすぐにでも将軍にしようと考えていました。

歌聖として知られる藤原定家《さだいえ》（一一六二〜一二四一）の日記『明月記《めいげつき》』によると、九月七日に幕府の使者が上洛してきて、「頼家が没し、子の一幡は北条時政が討った。弟千幡を跡継ぎにするので、許可して欲しい」と伝えてきたという記述があります。当時の鎌倉〜京都の移動時間を考えると、九月一日か二日には、使者は出発していないといけません。一幡は北条の手にかかりましたが、頼家は病床にありながら生きています。つまり、比企氏滅亡とともに、頼家もこの世を去る、というのが、時政の思い描いていたシナリオだったのです。

ところが、比企氏滅亡の三日後、にわかに頼家の体調が回復します。こうなると、北条氏がすぐに実権を握ることは難しい。頼家が完全に回復してしまうと、幕僚たちと組んだ将軍親政が始まってしまうからです。

一幡の死と比企氏の誅殺を聞いた頼家は、怒りを露わにしました。そして、和田義盛と比企能員殺害の実行犯である新田忠常に時政の追討を命じます。

ところが、義盛はただちにこの件を時政に知らせます。忠常はどうしたらよいか、もたもたしているうちに殺されました。追い詰められたはずの時政は、常識はずれの力業に出ました。なんと、九月七日に北条政子の計らいで、病気で政務は取れないとの理由をつけて、頼家を出家させてしまうのです。さらに広元と相談して、「頼家は鎌倉にいるべきではない」と伊豆半島の修善寺《しゅぜんじ》に幽閉しました。修善寺は北条氏にとって監視しやすい土柄です。北側は北条氏の本拠地で、南側は険しい山岳地帯。簡単には逃げられず、北条氏の目をかいくぐって頼家を助け出すのもほぼ不可能。まさに天然の監獄ともいうべき地でした。ここではかつて頼朝の弟の範頼も幽閉され死を迎えています。翌年、頼家は修善寺で亡くなりますが、『愚管抄』や『増鏡《ますかがみ》』など、北条氏の手の者による暗殺だったと記す史書もあります。

それにしても、時政は、比企氏滅亡、将軍押し込めというクーデターを、どのようにして御家人たちに納得させたのか。そのあたりの事情が詳しく書かれた史料は残っていませんが、前にも論じたように、そもそも将軍への権力集中自体が、御家人の間で望ましくないと思われていたとはいえるでしょう。さらに『吾妻鏡』に記されているように、「悪い将軍である」「暴君だから幽閉されて当然だ」といった話を広めて、世論を誘導した可能性もあります。

もうひとつ大きかったのは、それによって生まれる利益です。比企氏は、広大な領地を持っていました。しかし、比企氏の後継者になる可能性のある人間は一人残らず殺されましたから、土地の継承者はいません。さらに、比企派の御家人たちのなかでも処刑や追放を受けた者が出ました。比企尼の孫にあたる惟宗《これむね》（島津）忠久のように、守護や地頭の職を解かれた者もいます。

そうして主を失った土地を、時政の裁量で有力な御家人に分け与えていったのでしょう。武士たちが頼朝に政権を託したのは、土地の安堵であり、恩賞として与えられる土地が目当てでした。この時、時政が土地を配っていたならば、それはもう実質的に北条氏による政治が始まったといっていいのです。ただし、『吾妻鏡』やほかの史料にも、そのことは一切書かれていません。

頼家がいなくなり、実朝が将軍の時代になります。この実朝は、母が北条政子で、乳母は政子の妹・阿波局という北条氏のサラブレッドでした。実朝が将軍になると、後見人は自動的に北条時政になります。ついに鎌倉幕府の実権を北条氏が握ることとなったのです。

第三章　希代のカリスマ後鳥羽上皇の登場

治暦四年（一〇六八年）	後三条天皇が即位し、親政を復活させる。（摂関政治の終焉）
治暦五年（一〇六九年）	後三条天皇が延久の荘園整理令を出す。
応徳三年（一〇八六年）	白河天皇が譲位し上皇となる。（以後、院政の時代がはじまる）
寿永二年（一一八三年）	後鳥羽天皇が即位する。
元暦二年（一一八五年）	壇ノ浦の戦いで平家が滅亡する。
建久九年（一一九八年）	後鳥羽天皇が譲位し、院政を始める。

文武ともに卓越した能力

ここで舞台を京都に移し、承久の乱のもう一方の主役、後鳥羽上皇について述べたいとおもいます。冒頭でも述べたように、義時討伐を命じて、承久の乱を仕掛けたのは後鳥羽上皇です。彼の論理がわからないと承久の乱はわかりません。

まず後鳥羽上皇で特筆すべきは、彼が非常に実力を持った上皇だったということです。『新古今和歌集』の編纂でも知られますが、後鳥羽自身、歌人として超一流で、当代きっての音楽家でもありました。さらに後鳥羽上皇が別格なのは、武人としてもその名が轟《とどろ》いていたことです。

大昔の天皇、当時は大王《おおきみ》《だいおう》と呼ばれていた人たちは、自ら兵を率いて各地の豪族を平らげヤマト朝廷の基礎を作ってきました。そもそも天皇とは最強の武人だったのです。しかし、時代が下るにしたがって、武人の側面は失われつつありました。そこに突如として現れたのが後鳥羽上皇だったのです。

橘成季《なりすえ》の編んだ説話集『古今著聞集』に、後鳥羽上皇の有名な逸話が出てきます。

当時、交野《かたの》八郎という強盗の親玉が、子分を連れて京やその周辺を荒らしまわっていました。ある時、有名な賊がいると聞いた後鳥羽上皇が、船に乗って交野八郎の住処の近くにやってきます。今の大阪の交野市辺りのことでしょう。船上の後鳥羽上皇は突然、自らの乗っている船の重い櫂《かい》をヒョイと持ち上げました。それを見ていた交野八郎は、ゾォーっと背筋が凍り、「なんという人だ」と思っているうちに、いつの間にか捕まってしまった。交野八郎は、「これからは上皇様にお仕えします」と宣言し、検非違使庁の下っ端役人に採用されることになった、というエピソードです。

このように後鳥羽上皇は文武ともに卓越した能力の持ち主として広く知られていました。そうした個人的な能力だけではありません。後鳥羽上皇は経済的にも、そして軍事的にも非常に強力な基盤を築いていたのです。それには、「天皇」ではなく、「上皇」がなぜ朝廷の最高権力者となったか、という議論が必要になります。

「地位」より「人」の日本社会

本来ならば、すなわち理念でいえば、朝廷の最高権力者は天皇でなければなりません。

公地公民ですから、すべての土地も住民も天皇のものであるはずです。しかし、理念と現実は異なります。

私は日本の歴史をみるときに大事なのは、地位（役職）ではなく人だと考えています。地位でいえば、朝廷では天皇、幕府では将軍が最も偉いはずで、彼の決定にみな従うべきでしょう。しかし、それでは実態を捉えることは不可能です。有力な家来であるに過ぎない北条時政によって、将軍源頼家が幽閉されてしまうのが、現実の歴史で起きていることなのです。

日本社会では、最高権力者は、役職や立場ではなく、周囲が「この人がトップだ」と思うことで決まります。これが「地位より人」ということです。

たとえば豊臣秀吉。秀吉は関白の職を甥の豊臣秀次《ひでつぐ》に譲り、自らは「太閤《たいこう》（引退した関白）」となりました。しかし秀吉は引退したのだから、政治への影響力を失ったなどと考える人は一人もいません。豊臣家の家長である秀吉が、秀次より偉く、実権を握っていたことは、当時も今も誰もが知っているからです。

地位が力を生むという面もありますが、それ以上に、力のある人が座っているから、そのポストが権力の象徴とされる。それが日本の歴史だといっていい。「天皇という地位にいるから偉い」というポストの原理よりも、「偉い人（強い人）がたまたま天皇だから、天皇は偉い」という人の原理が、常に上位にある。将軍も全く同じです。

上皇は、天皇を引退した存在です。ちなみに、英語には上皇にあたる言葉はなく、「リタイアード・エンペラー」つまり、「辞めた皇帝」になってしまう。自分の子供や兄弟に跡を継がせたら皇帝や王様としての力を失うのです。

本当であれば新しい天皇が政治を行うはずですが、平安後期から鎌倉の初期に関しては、「天皇」という地位よりも、「天皇家の家長」である「上皇」の方が力を持ち、天皇を差し置いて政治を行ってしまう状況が生まれたのです。これを「院政」と呼びます。

院政は「システム」でもなく「ルール」でもありません。平安時代が一応依拠していた律令というシステム、ルールの中に院政などという項目は存在しない。単に権力を上皇が握ったという「状態」を示しているに過ぎないのです。

この時代の天皇は次々と譲位して上皇になりますから、同じ時期に何人も上皇が存在します。承久の乱でも後鳥羽上皇だけではなく、三人の上皇が島流しになりました。この複数いる上皇がみな強い権力をもっているわけではありません。なかでも最高権力を行使する存在を「治天《ちてん》の君」と呼びますが、これももちろん正式なシステムではなく、「この人が一番強い」という現状を、みなで追認しているだけなのです。

なぜ摂関政治はあっという間に衰退したのか

話は少し遡ります。院政の前、平安時代の中期までは、「摂関政治」が行われていた、と教科書には書かれています。摂関政治とは、文字通り天皇の代わりに摂政や関白が政治を行うことですが、実はこれも正式な制度でも何でもありませんでした。

摂関家である藤原氏が政治を司る根拠はただ一つ、天皇の外戚であることでした。すなわち藤原氏の女性が天皇の子どもを産み、その男子が次の天皇になることが、最大にして唯一の権力基盤だったのです。つまりは「運」にすべてをかけていた。偶然、年頃の女の子がいて、その子を天皇に嫁がせたら、偶然、男の子を産む。つきつめるとそれだけのことだったのです。

治暦《じりやく》四（一〇六八）年、実に百七十年ぶりに母が藤原氏ではない天皇、後三条天皇が即位します。後三条天皇は天皇自ら政治を行なう親政を復活させますが、その切り札は荘園整理令でした。きちんとした手続きを経ていない荘園は公地に組み入れたのです。これによって藤原氏は荘園の三分の一を失うこととなり、権力基盤をざっくりと削られてしまったのです。

ここで興味深いのは、摂関政治の最盛期とされるのが、「この世をばわが世とぞ思ふ」で知られる藤原道長《みちなが》と、その息子で、平等院鳳凰堂を建てた頼通《よりみち》の時代だということです。しかし、後三条天皇が即位したときには、頼通がまだ存命でした。後三条天皇の息子、白河天皇になると、もう院政を開始します。摂関政治は最盛期から一気に衰退し、あっという間に終わってしまったのです。

普通、権力システムというものは、二代、三代と続く中で問題が生じてきて、次第に衰退するものでしょう。なぜ、あまりにも急に摂関政治は終わりを迎えてしまったのか。この点について、納得のいく説明が見つからず、いろいろ考えているうちに思い当たったのは、摂関政治とは、そもそも「システム」というにはあまりにも不安定で、いつでもひっくり返るような脆弱なものだった、ということでした。

権力システムが完成している場合、属人的な部分はある程度無視して動いていきます。簡単にいうと、摂関政治に政治的な正統性があれば、藤原氏の娘が天皇を産もうと産むまいと、藤原氏が摂政や関白になって政治を行い続けることができたはずなのです。しかし実際には摂政、関白というシステムではなく、「子どもが天皇になる」という実態に依拠していたために、摂関政治はすぐに姿を消した。これがポストではなく人、システムではなく「実態の力関係」をベースとする政治の特徴なのです。

荘園が支えていた院政

では、なぜ上皇が力を持つようになったのでしょうか。ここでも鍵を握るのは土地です。この時代、土地こそが経済の中心でしたから、結局、土地の主導権を握った者が権力をも手にしたのです。

先にも述べましたが、後三条天皇の時代に実施された荘園整理令は、荘園を寄進される貴族や寺社にとっても、そして在地領主たちにとっても重大な脅威でした。せっかくの荘園が没収され、どんどん公地とされてしまうのです。

では、どうするか？　天皇の命で進められる荘園整理令の脅威から逃れるには、天皇に近い、あるいはそれを上回る権威に頼るほかありません。それが上皇だったのです。

後三条天皇の息子の白河天皇は、譲位して上皇になると、荘園を山ほど集めます。

そもそも朝廷が荘園を保有すること自体、公地公民の自己否定にほかなりません。だから、さすがに天皇自身が荘園を持つことは出来ない。本当ならば、上皇だってはばかられるところです。

そこで白河天皇は、寄進された荘園を、自らが建てた寺の所領としていきます。いわばトンネル会社をわざわざ作ったのです。今の京都・岡崎公園あたりにあった法勝寺《ほっしょうじ》など「勝」の字のつく六つの寺（六勝寺《りくしょうじ》）に荘園を寄進させ、莫大な富を貯め込むようになったのです。この荘園による経済力が、「院政」を支えることになりました。

理念なき上皇政治の不安定さ

白河上皇や後白河上皇などが行った政治の最大の特徴は、理念がまったくないという点でした。「日本をこうしたい」とか「ここを変えたい」という発想はまるで見当たりません。一つだけあるとすれば、自分自身が贅沢したい。それだけです。

上皇政治の不安定さがよくあらわれているのは人事です。上皇による政治は側近政治でもありました。天皇ならば、一応は朝廷の秩序に従った人事を行う必要がありますが、上皇は、自分が気に入った人間を取り立てて、好き勝手をやらせることができたのです。

後白河上皇時代に力を得た信西は、少納言止まりの家格で、朝廷のヒエラルキーでいえばとても国政にタッチできるような存在ではありませんでした。それが後白河上皇の信任によって実権を握っていったのです。ただ信西自身は卓越した政治力がある分、まだましでした。信西を倒して政権を握った藤原信頼《のぶより》は、後白河上皇と性的な関係もあったと噂されるほどで、なんのポリシーもない、ただ後白河に気に入られただけの人物でした。

後白河上皇を、武士たちを手玉に取り、熾烈な権力闘争を勝ち抜いたしたたかな政治家と評する向きもありますが、私は賛同しません。なりゆきまかせ、台頭してきた武士たちにそのつど空手形を出してごまかし、私腹を肥やす以外に何の目的もなかった人物だと考えます。

後鳥羽上皇の強大な経済力

話を後鳥羽上皇に戻しましょう。後鳥羽上皇もまた、荘園経営を重要な基盤としていきます。皇室関連の荘園を自らの手元に集め、さらに拡大し、集金マシーンにしていくのです。そのカラクリを見ていきましょう。

当時、上皇や天皇の娘である内親王は、結婚せず独身のまま一生を終えることがほとんどでした。上皇からは生活費として荘園を与えられ、そこの番人として贅沢な暮らしをして過ごすのです。独身ということは、相続するべき子どもがいないということです。当時の遺産相続は、子どもが二人いれば土地は二分割、三人いれば三分割にするのが通例でした。これだと代を追うごとに、土地は細切れになってしまう。しかし、独身の内親王を荘園領主とすると、土地を大規模なまま維持できるのです。八条院暲子《しょうし》内親王（鳥羽天皇の娘）が管理する八条院領（二百二十以上の荘園）、宣陽門院覲子《せんようもんいんきんし》内親王（後白河天皇の娘）が管理する長講堂領（百八十の荘園）などは、皇室の代表的な荘園となります。

後鳥羽上皇の代には、八条院領を娘の春華門院昇子《しゅんかもんいんしょうし》内親王、長講堂領は息子の雅成《まさなり》親王が継ぐこととなり、ほとんどすべての皇室関連の荘園が、後鳥羽上皇の支配下に入ります。

こうして強大な経済力を確保した後鳥羽上皇は、他の上皇と比べ、自分の政治的な理念もしっかり持っていたのです。それは朝廷を中心とした秩序の回復でした。そして、その理念を実現するために、軍事的改革も推し進めます。有力御家人を中心に、武士の取り込みをはかるのです。この続きは第五章で。

第四章　義時、鎌倉の「王」となる

治承四年（一一八〇年）	畠山重忠が源頼朝に仕える。
文治五年（一一八九年）	奥州藤原氏の討伐で畠山重忠が先陣を務める。
元久元年（一二〇四年）	京都で平賀朝雅と畠山重保が口論になる。
元久二年（一二〇五年）	四月、鎌倉に御家人が集められる。 六月、畠山重保が鎌倉で討たれる。 同月、畠山重忠が武蔵国・二俣川で討たれる。（畠山重忠の乱） 閏七月、北条時政が、平賀朝雅の将軍擁立を企て失脚する。 （以後、北条義時が幕府の実権を握る）
建暦三年（一二一三年）	五月、和田義盛が討たれる。（和田合戦）

義時は「時政の後継者」ではなかった

ここでまた舞台は鎌倉に戻ります。承久の乱のもう一方の主役、北条義時の登場です。義時は北条時政の次男で（長男は頼朝挙兵の際に戦死）、頼朝の「家の子の専一」、すなわち頼朝の個人的な側近のなかでも随一とみなされていました。頼家時代には、十三人の合議制のメンバーにも入っています。そのため、義時は時政の継承者として権力を得たと考えている人も多いのではないでしょうか。

教科書にも「北条時政は、将軍の頼家を廃し、弟の実朝を立てて幕府の実権を握った。この時政の地位は執権と呼ばれて、子の義時に継承された」とありますが、実は時政は義時を後継者とは考えていませんでした。むしろ義時は父・時政を追い落とし、実力で権力を握ったのです。その実態は、後継というよりも、乗っ取りに近いものでした。

では時政は、誰を北条家の後継者と考えていたのでしょうか。

時期は不明ですが、時政は貴族出身の牧の方を後妻に迎えます。牧の方は平清盛の継母である池禅尼（頼朝の命を救った女性）の姪にあたり、私の推測では、北条政子よりも年が若かったと思われます。牧の方は貴族の娘でしたから、北条政子や北条義時の生母よりも格が高かった。時政はこの女性を大事にし、彼女が生んだ北条政範を後継者にしようと考えていた節があります。

このころ義時は江間《えま》義時と名乗っていました。江間とは伊豆国の地名で、北条の本拠地のすぐ隣に位置します。つまり義時は、北条氏から独立して、江間を本拠とする江間氏の初代だった。そもそも『吾妻鏡』では、義時は北条と呼ばれるよりも、「江間」という苗字で呼ばれるほうが圧倒的に多い。この時点では、義時が北条家の当主になる可能性はなかったのです。

ところが、時政が可愛がった政範は元久《げんきゅう》元（一二〇四）年に十五歳で病死してしまいます。そこで時政は、平賀朝雅を自分の後継者に仕立てていこうと考えたのです。朝雅は、何度も登場した比企尼の三女を母にもち、時政と牧の方の間に生まれた娘を妻としていました。この娘婿に、時政は自分の権力を継がせたいと考えていたのです。

実は、この平賀氏こそ承久の乱の「影の主役」ともいえる家なのです。

源氏一門の筆頭として

ここから少し時間を巻き戻して、平賀氏が鎌倉幕府のなかでいかに卓越した存在だったのかをみていきたいと思います。それは頼朝の父、義朝の時代にまで遡ります。

平安時代末期の信濃国佐久平《さくだいら》に平賀義信という武士がいました。この地域は、古くから馬の生産地として知られていました。私は地図を広げて、伴野、大井、桜井などといった平賀氏が根拠としていたと思われる土地を一つ一つ調べていきましたが、いずれも非常に生産力が高いようなのです。

このうち伴野荘を例にとってみましょう。残っている史料は、南北朝時代の建武《けんむ》二（一三三五）年のものですが、鎌倉から南北朝にかけては、土地の生産力はあまり変わっていませんので、比較検討の参考にはなります。その史料を見ると、伴野荘の年貢高は驚くべきことに八千貫。一般的に五百貫もあれば、大きな荘園とみなされます。平家が日宋貿易を行う基盤としていた肥前国の神崎荘でも三千貫ですから、とんでもない数字です。平賀氏はそれだけ豊かな武士だった＝強大な兵力を有していたと推測できます。

もともと平賀氏は源義光の子・盛義を祖とする源氏の名門でした。その当主である義信は、平治の乱（一一五九年）で源義朝の配下として活躍します。このとき義朝は敗れ、京都から逃げていくのですが、平賀義信はそれにも付き従っていました。ところが、尾張国の知多半島にある美浜で、義朝は騙し討ちにあって殺されてしまいます。平賀義信はからくも逃げ切り、所領のある佐久平へ戻ったと考えられます。

その平賀義信の名前が再び歴史に登場するのは、およそ二十年後、各地の武将が打倒平家で挙兵したときです。信濃国木曽を本拠とする木曽義仲の軍勢のなかに、「佐久軍」が登場しますが、この佐久軍が、平賀義信とその手勢であったと考えられるのです。

ところが、義仲軍の主要な戦力であった平賀勢は、この後、義仲軍の中からぱったりと名前が消えてしまいます。その後、平賀義信は頼朝の下に馳せ参じたと推測され、元暦元（一一八四）年、頼朝の推挙により、武蔵守に任官されるのです。

頼朝は父と最後まで行動を共にした平賀義信を、源氏一族（門葉《もんよう》）の一員であり、その筆頭として遇します。鎌倉幕府の幹部たちが居並ぶような席では、ほとんど常に平賀義信が最上位の席を与えられました。

その理由は、平賀義信の存在が、頼朝が真の源氏の棟梁であることを示すものだったたからです。この時点で、源氏の一族は全国に散らばり、義朝の他の子どももまだ生きていました。そのなかで、義朝に直接仕えた平賀義信が、頼朝の家臣となっていることは、頼朝こそが義朝の正統な後継者であるという、何よりの証になったのです。平賀義信は、父・義朝を知り、源氏の正統を担保する生き証人だったのです。

文治元（一一八五）年九月、頼朝は父の菩提を弔うために建てた鎌倉・勝長寿院に、義朝の遺骨（とされるもの）を納めます。頼朝が定めたその法要の並び順こそが、鎌倉幕府内の序列だといえますが、頼朝とともに最後の骨を納める瞬間に立ち会えた数少ない御家人が、平賀義信であり、義信の子の大内惟義《これよし》（生没年不詳）だったのです。

頼朝は平賀義信を、最も信頼する比企氏と縁組みさせます。そして生まれたのが平賀朝雅でした。義信は、この朝雅に平賀氏を継がせ、長男の惟義は、地頭を務めた伊賀国・大内荘から新しく家を創って、大内惟義と名乗ることになりました。

この平賀氏は頼朝の推挙で、武蔵守と武蔵国守護を兼任します。息子の惟義は相模守、武蔵守、駿河守となりますが、鎌倉幕府が伊豆、駿河、武蔵、相模の四カ国を中心とした政権であることを考えると、平賀氏がどれだけ幕府内で重い存在だったかがうかがえると思います。

こうした家の嫡子であり、時の権力者、北条時政からも後継者としてみなされている平賀朝雅はまさしく〝プリンス〟的な存在だったのです。

鎌倉武士の理想、畠山重忠

ここで再び「時政の仁義なき戦い」に戻ります。今度は名づけて「武蔵国編」です。梶原景時、比企氏を滅ぼした時政でしたが、次のターゲットとなったのは、東国武士の本場、武蔵国でした。

なかでも戦闘集団として名を馳せていたのが、秩父を拠点とする秩父党でした。もともとは河越重頼が盟主を務める武士団だったのですが、前にも述べたように、重頼は義経と連座するかたちで頼朝によって謀殺されてしまいます。

その河越重頼亡き後、秩父党を率いたのが畠山重忠でした。

当時の武蔵国の国司と守護は平賀義信です。平賀朝雅を後継者と考える時政にとって、ゆくゆくは武蔵国を朝雅の支配地としたいと考えたはずです。そのとき、最大の障害となったのが畠山重忠にほかなりませんでした。

しかし、結果的には、この「畠山重忠の乱」（乱といっても、実態はまたしても時政が仕掛けた謀略なのですが）が、時政にとって、また〝プリンス〟平賀朝雅にとっても命取りになります。

それは重忠が強かったからだけではありません。畠山重忠が「鎌倉武士の鑑」「理想の勇者」として絶大な人気を誇る武士だったからです。

畠山重忠の人気は、彼の活躍や言動がさまざまな物語などに描かれていることからもうかがえます。第一章で紹介した『男衾三郎絵詞』もそうですが、後世にまで「鎌倉武士といえば畠山重忠」とされるほどの知名度とキャラクターの持ち主だったことをあらわしています。

特に有名なエピソードとしては『源平盛衰記』の鵯越《ひよどりごえ》の場面が挙げられるでしょう。源義経の軍勢が崖下の平家軍に向かって突入することになる。その時、畠山重忠は愛馬に向かって「いつもお前には苦労を掛けているから、今日は俺がおぶって降りてやろう」と語りかけ、担いで崖を下った——。

言うまでもなくこれは完全なフィクションです。そもそも重忠は源範頼の軍にいたので、義経軍の戦いに参加していません。しかし、畠山重忠ならばさもあらん、と思わせてしまうのが人気者たるゆえんでしょう。

史実を元にした仇討ち話の『曽我物語』でも、父の仇である工藤祐経《すけつね》を討とうとする兄弟のピンチを幾度となく助けて、本懐を遂げさせる人物として重忠は描かれています。ところが、物語が成立した鎌倉から南北朝時代の写本を読むと、重忠のことは書かれていません。あとの時代になって武士の鑑である重忠を重要人物として、『曽我物語』に書き加えたのです。このパターンは、室町時代になって『義経記』が編まれた源義経の英雄伝説と似ています。

『吾妻鏡』でも別格の存在

興味深いのは『吾妻鏡』でも、畠山重忠は別格の存在として描かれていることです。そもそも歴史書である『吾妻鏡』は登場人物を必要以上に細かく描写しません。ところが重忠だけはわざわざ感情面にまで踏み込んで描写することで、彼の個性を際立たせているのです。以下、『吾妻鏡』における、重忠に関する印象的なエピソードを抜き出してみます。

1　伊勢国にある重忠の領地で、納めるべき税金を誤魔化した事件が起きました。頼朝は重忠の指示で行われたに違いないと嫌疑をかけたのですが、重忠は「自分は潔白だ」と主張します。頼朝は、重忠を千葉胤正のもとに預けて審理を進めようとしたのですが、この屈辱に重忠は、ハンガーストライキはするわ、寝ようともしないわ、言葉も発しなくなるわで、衰弱死をしようとするのです。それを聞いた頼朝は「俺が間違っていた」と謝って、許します。

2　嫌疑が晴れて重忠が武蔵の館に戻ると、誰かが頼朝に「重忠は疑われたことを恨んで謀反を企んでいる」と讒言を行いました。すると、他の御家人から「重忠はそんな男ではないから、鎌倉に呼んで話を聞きましょう」との提案があり、頼朝は使いを出します。すると、使いからその話を聞いた重忠は「そんな疑いをかけられたなら、自害する」といって聞かない。使いが誠心誠意説得して、やっと鎌倉に向かうことになります。

3　鎌倉に着くと、梶原景時が現れて「謀反をする気がないなら、起請文を書け」と命じます。重忠は、自分は心と言葉が異なることはない。謀反などする気がないといったら本当にないのだから、そんなものは書かないと拒絶します。それを聞いた頼朝は、重忠と使いに出した武士を召します。そして、謀反の件には一切触れず、ただ語らい帰しました。

この1~3だけを読むと、今の読者には重忠が直情型の人間で子どもっぽく感じられるかもしれません。しかし、『吾妻鏡』が伝えようとしているのは、重忠が自分の正しさ、誠実さを証明することに命を懸ける、立派な関東武士だということです。そして、それを理解してやった頼朝もいかに立派なリーダーだったかを伝えようとしているのです。

4　奥州藤原氏を攻めた際、阿津賀志山の戦いで重忠は先陣を命じられていました。しかし、重忠の友人たちが抜け駆けをしてしまった。重忠の家来が「先陣は殿なのに、あんなことを許していいのですか」と言うと、ニッコリ笑って「あいつらも必死なんだから、見なかったことにしてやれ」と答えたそうです。さらに、戦いが終わると重忠の恩賞はとても少なかった。それを悔しがる家来に、重忠は「友達がたくさん恩賞をもらえたんだから、いいじゃないか」と語りました。

出来過ぎの感もありますが、『吾妻鏡』には重忠に関するこのような逸話が山ほど収録されています。

こうした重忠のような人気者を排除するのは、実はかなり難しいことだといえます。なぜなら2でもわかるように、彼をかばい、擁護する人が必ず出てくるからです。ことに鎌倉武士の価値観を体現した重忠を討つことは、重忠を倒したあとの事後処理も重要になります。

実は、それをよくわかっていたのが義時でした。以下、『吾妻鏡』にのっとって「畠山重忠の乱」を紹介しますが、義時の挙動に注目してください。

義時、重忠討伐をためらう

「畠山重忠の乱」は、京都で起ったある事件から始まりました。

元久元（一二〇四）年十一月に、京都にある平賀朝雅の館で宴会が開かれました。その席で、平賀朝雅と畠山重忠の嫡男・重保《しげやす》が口論になりました。畠山重保も時政の孫にあたり、親類同士でした。内容は伝わっていないのでわかりませんが、些細なことだったのでしょう。鎌倉武士同士の喧嘩はいつも取るに足らないことばかりだからです。喧嘩の場は、ひとまず他の出席者のとりなしで収まりました。

しかし、翌年になって事が大きく動き始めます。朝雅が、義母の牧の方に「あの重保のやつ、許せない」と話し、牧の方はこれを激しく怒って、時政に告げました。そこで時政は畠山親子を誅殺しようと考えます。

四月の段階で鎌倉には御家人たちが集められていました。

〈鎌倉の内が騒がしかった。近国の者たちが群参し、武具が整えられているとの風聞があった。また稲毛《いなげ》三郎重成《しげなり》入道はこのところ武蔵国に蟄居していたが、先頃遠州（北条時政）の招きにより従者を率いて参上した。人々がこれを怪しんで、風説があったという〉（『吾妻鏡』元久二年四月十一日）

稲毛重成は、畠山重忠の従兄弟で秩父党の武士でした。時政は、この時点で稲毛を味方に引き込んでいました。稲毛は重忠さえいなくなれば、秩父党の棟梁の座が転がり込んでくると考えたのです。

そして六月に入って陰謀が具体的な行動に移されます。時政はこの時点ではじめて、息子の義時と北条時房に、重忠の粛清について相談します。

ここで興味深いのは、『吾妻鏡』に記された義時の反応です。

義時は「重忠は頼朝公以来、ひたすら忠誠をつくしてきました。今どのような憤りがあって叛逆を企てるでしょうか。比企氏との戦いの折も率先して我らの味方をしてくれました。軽率に誅殺すれば、きっと後悔するでしょう」と父を諫めようとするのです。それを聞いた時政は、言葉を発することなく席を立ちます。

義時が館に帰ると、牧の方の兄・大岡時親《ときちか》が訪ねてきて、牧の方の言葉を伝えます。

「重忠の謀反は明らかです。私はそれを知って将軍のために、秘かに時政様にお伝えしたのです。先ほどあなたの言ったことは重忠の悪事を赦そうとするもの。私はあなたの継母だから、それを憎み、（重忠を討つことに）賛成しないのでしょうか」

そこまで言われたら仕方がない、と義時は重忠討伐に賛成しました。

つまり、義時は畠山重忠を討つことを一度は止めた。しかし、親の命令だからしぶしぶ従った、というわけです。『吾妻鏡』は義時のためらいをしつこいまでに書いています。

六月二十二日の早朝、謀反人の討伐を行うと将軍・実朝の命令が下ります。その命を受けて、畠山重保も将軍のもとに参上するため、家来を引き連れ、鶴岡八幡宮の方に向かっていました。すると、一ノ鳥居のところに来た時に、突然、重保の行く手をふさぐ一団が現れ、あっという間に包囲されてしまったのです。所詮、多勢に無勢で、重保はあっさりと討ち取られてしまいました。いまでも鎌倉駅から由比ガ浜に向かう途中の一ノ鳥居の横に、重保の供養塔が建っています。

重忠の最期

一方の父の重忠は、秩父党の稲毛重成と榛谷重朝《はんがやしげとも》（二人は兄弟）から、「謀反人の討伐があるので、すぐに鎌倉に来て欲しい」との連絡を受け、元久二（一二〇五）年六月十九日に手勢を率いて武蔵国の館を出発していました。二十二日の昼、二俣川（現在の横浜市）付近で、重忠の軍勢百三十四騎は、鎌倉からやってくる大軍と遭遇しました。総大将は義時でした。

何もしらない重忠は、「お前らどこへ行くんだ？」と聞いたはずです。「お前を討ちに行くんだ」と告げられ、その中で重保の死を知らされたのでしょう。

〝武士の鑑〟だけに、その最期も詳細に記されています。重忠の家臣が、「ここは戦線離脱して、本拠地に戻りましょう」と進言します。その時の重忠の言葉が、残されています。

〈「それは適当ではない。（戦いに際しては）家を忘れ親を忘れるのが武将の本意である。だから重保が誅殺された後、本拠を顧みることはできない。去る正治の頃、（梶原）景時は一宮の館を撤退し、途中で殺されてしまった。しばしの命を惜しむようであり、またあらかじめ陰謀の企てがあったようにも思われた。（このように）勘ぐられては面目がなかろう。まことに（景時の例）は後車の戒めとすべきである」〉（『吾妻鏡』元久二年六月二十二日）

畠山討伐軍の構成をみると、足利、小山、安達、八田、宇都宮、河越などなど関東の有力武士がほとんど集まっているような大軍勢です。それでも、百三十四騎の重忠軍を討ち取るために四時間以上かかりました。最後は矢が重忠に命中し、首を取られたのです。

義時は鎌倉に戻り、時政のところに参上しました。ここでも義時は次のように語っています。

「重忠の軍勢は非常に少なかった（この表現からも、重忠クラスが本気になると三百騎ほどを動かす、という推測ができる）謀反の企ては嘘に違いない。昔から重忠とは轡《くつわ》を並べて一緒に戦ってきましたから、この首を見ると涙を流さないわけにはいきません」

言外に時政を非難する言葉です。時政はこの時も黙って席を立ったとされています。

討伐軍の大将だった義時が「謀反の企ては嘘だった」と言うほどですから、御家人の間でも、重忠討伐は正しかったのか、時政の陰謀だったのでは、という見方は広まったはずです。

時政は自分の保身のため、またしても口封じの策を講じました。時政と計って畠山重忠を鎌倉におびき出した稲毛重成と榛谷重朝の兄弟を殺したのです。「こいつらが秩父党のナンバー1になろうとして重忠を陥れた」としたかったのでしょうが、時政の意図は誰の目にも明らかでした。

平賀朝雅を将軍に？

重忠を討った二カ月後の元久二年閏七月十九日、こんどは時政側に陰謀の容疑がかかります。

牧の方が源実朝を将軍の座から引きずりおろして、娘婿の平賀朝雅を四代将軍にしようとしたというのです。平賀氏は源氏一族のトップですから、確かに将軍になることは可能です。

鎌倉幕府には、国会議事堂や総理官邸にあたるものは存在しません。将軍が住むところがそのまま幕府でした。今でいえば、総理の私邸で閣議を行い法律を作っていたのです。この時点では実朝が暮らす時政の家が幕府でした。

そこを義時の軍が襲撃します。時政の館にいた将軍・実朝を連れ出し、義時の館へ移してしまいました。これで勝負がつきました。翌日、義時は時政に代わって執権となりました。これが「牧氏の乱」と呼ばれる事件です。

私は、これは間違いなく義時による策略だったと考えます。このタイミングであれば自分のところに権力が転がり込んでくると踏んだ義時が、時政が将軍位簒奪の陰謀を企んでいるとのデマを流し、勝負を仕掛けたのだと考えます。まさに父・時政のお株を奪う謀略によって、時政から「玉《ぎょく》」（実朝）を取り上げることに成功したのです。時政の失脚と同時に多くの御家人が出家しています。つまり、この政変によって幕府内の勢力図は一変し、義時派が幕府の中枢を握ることとなったのです。

その日のうちに、時政は出家し、さらに鎌倉を追放され、伊豆の所領に押し込められます。さすがの義時も親までは殺しませんでした。十年後の建保三（一二一五）年一月、時政は病没します。ちなみに牧の方も京都に追放されますが、藤原定家の『明月記』は、牧の方は京都でとても贅沢な暮らしをしていると記しています。女性のたくましさを象徴しているようで興味深いエピソードです。

父・時政を失脚させた義時の次のターゲットは平賀朝雅でした。

京都守護を務めていた朝雅を討つために、義時は、京都に使者を派遣します。その日、朝雅は後鳥羽上皇と囲碁を打っていましたが、急報が入り、自分が討伐の対象になっていることを知ります。それを聞いた朝雅は覚悟を決めました。碁盤に目をやり石を数えたあと、「もはや逃れる術《すべ》はありません」と言って後鳥羽上皇の御所を退出します。それを待ち構えていた武士たちによって、朝雅は討たれます。元久二年閏七月二十六日のことでした。

秩父党の中心だった畠山重忠が消え、義信以来、武蔵国に影響力を保持してきた平賀氏のトップである朝雅が消えたことで、武蔵国は空白地帯になったのです。義時はそこに弟の時房を守護として送り込みました。

義時はそれまでの「江間」から「北条」に名乗りを変えます。『吾妻鏡』は、ここに北条氏の歴史は始まったと書き、義時を北条家の初代と位置付けます。

『吾妻鏡』編纂者たちの苦労

今日の目で見て興味深いのは、畠山重忠の乱から、時政失脚までを記した『吾妻鏡』の編纂者たちの苦労です。

この時代、子殺しは正当化できても、親殺しはとうてい容認できないことでした。義時の行った時政の追放劇は、政治的には限りなく親殺しに近い。当時の感覚からすると、これは北条氏の恥になるのです。

『吾妻鏡』は、鎌倉武士を率いるリーダーとして北条氏を讃える歴史書です。そこで義時を初代とし、時政を非道な陰謀を企てる完全な悪者として切り捨てようということになったのだと考えられます。

そのためにも、時政が殺した畠山重忠は、武士の鑑であり関東を代表する武士でなければなりません。そして、彼を陥れた時政がいかに狡猾な人物であるか、最後まで重忠を助けようとした義時がいかに素晴らしい武士であるか、と対比させて、時政の追放は鎌倉武士としてやむを得ないことであったというストーリーを仕立てていったのです。

それでは、義時が畠山重忠を殺したことを後悔していたかといえば、怪しい限りです。畠山重忠の乱から八年後の建暦《けんりやく》三（一二一三）年、亡き畠山重忠の末っ子の大夫阿闍梨《たいふあじやり》重慶《ちようけい》が日光のお寺で匿《かくま》われていたことがわかります。

この重慶が兵を集めて謀反を企てているというので、義時はすぐに兵を差し向けて殺してしまうのです。本当に重忠のことを後悔していたのなら、他にやりようがあったでしょう。謀反といっても「牢人を集めて、祈禱をしていた」程度の容疑でしたが、それに対し実朝が「重忠は無実の罪で殺されてしまった。その息子に謀反の容疑があっても、鎌倉に連れてきて、申し開きをさせてからでも良かったのではないか」と使者を通して伝えたところ、重慶の首を持ってきた長沼宗政が「そんなことを言われるのでは、今後、誰が忠節を致しましょうか。これは将軍家（実朝）の御過失です」と逆ギレした、と『吾妻鏡』は書いています。実朝の言うのももっともですが、義時らからすると、もう畠山領はみんなで山分けしてしまったし、いまさら遺児に出てこられても困ると考えたのでしょう。

和田合戦に勝利

権力の座に就いた北条義時もまた、自らの権力基盤を固めるための陰謀を巡らせます。相模国に勢力を持ち、幕府創設以来の重鎮として栄えたのが三浦一族ですが、そのなかでも、三浦本家を凌ぐ力を持っていたのが和田義盛でした。義時はその和田氏を繰り返し挑発して、暴発させたのです。

かつて北条氏が自分よりも強大な比企氏を滅ぼした際は、騙し討ちで当主を殺してから奇襲をかけ、一族を皆殺しにしました。しかし、和田義盛とは真っ向勝負を行います。それだけ、北条氏の力は急成長を遂げていたのです。

建暦三（一二一三）年五月、義盛の挙兵を知った義時は、囲碁の会を開いていました。この一報を聞いて驚く様子もなく、勝負を終え、身支度を整えて御所（将軍の居所）に向かいました。

和田勢は百五十人を三手に分けて、御所と義時の館を襲います。義時は息子の泰時《やすとき》（一一八三～一二四二）の活躍もあり、義盛の軍勢を押し返します。翌日、疲れの見えた和田勢に対して、将軍・実朝から義盛の追討令を手に入れた義時が反撃に出ます。これによって、和田勢は分裂し、最終的に全滅に追い込まれました。

この事件の意義は三つありました。和田義盛と和田に味方する武士団は、相模国に多くの所領を持っていました。特に鎌倉のすぐ横の三浦半島を本拠地とする義盛の存在は、義時にとって目障りだったのでしょう。

さらに、和田義盛の持っていた侍所別当（長官）を北条氏が奪い取ることに成功します。義時は侍所別当と政所別当を兼務することとなり、政治と軍事の両方を握る体制が確立したのです。

和田義盛は幕府を草創期から支えた人物です。義時は鎌倉幕府の軍事部門のトップと、正面からぶつかり武力で叩き潰すことに成功したわけです。この戦いで名実ともに北条氏が鎌倉幕府のナンバー1になりました。

このように義時は、実力で北条家の家督を奪い取り、幕府の実権を握ったのです。鎌倉を舞台に、梶原景時、比企氏、畠山重忠といったライバルたちを次々に謀略で滅ぼし、将軍・頼家までも幽閉した北条時政。その時政に従い、血なまぐさい政争に明け暮れながら、最後は父すら追い落とした北条義時。血で血を洗うサバイバルの最終勝者となった義時こそ、知謀と武力、すなわち実力で勝ちあがった「鎌倉の王」であると、東国武士の誰もが認めたはずです。

頼朝が関東の武士団を率い、平家を打ち破って「武士による、武士のための政治」を実現する場として、鎌倉幕府は生まれました。その幕府内の権力闘争に勝利した義時は、頼朝の真の後継者として、鎌倉武士の棟梁になった。このとき、鎌倉幕府は、「頼朝とその仲間たち」による政権から「義時とその仲間たち」による政権となったのです。

第五章　後鳥羽上皇の軍拡政策

康和年間（一〇九九～一一〇四年）	北面の武士が創設される。
寿永三年（一一八四年）	大内惟義が伊賀国の守護になる。
文治元年（一一八五年）	源頼朝が全国に守護・地頭を置く。
建久九年（一一九八年）	後鳥羽上皇の院政が始まる。
建仁三年（一二〇三年）	源実朝が将軍になる。
元久二年（一二〇五年）	牧氏の乱の後、惟義が伊勢国の守護になる。この頃、西面の武士が創設される。
建暦二年（一二一二年）	鎌倉に大内惟義の使者が送られ、上皇とのやり取りを伝える。

「西面の武士」を組織

第三章では、後鳥羽上皇が文武に優れていたばかりでなく、莫大な荘園収入を集約し、経済的にも強大な力を握っていたことを明らかにしました。その後鳥羽上皇がもうひとつ力を注いだのが、軍事力の増強です。

天皇や公家は「軍事」から切り離されたイメージがありますが、この時代は違います。そもそも政治闘争に武士たちを巻き込んだのは、後白河上皇であり、その側近の藤原信西でした。その後、平家の台頭と滅亡、鎌倉幕府の成立を目の当たりにした朝廷でも、軍事こそがことを決する時代だという認識は深く刻まれたことでしょう。

もともと朝廷で自前の武士団を組織したのは白河上皇でした。上皇の館の北側に武士たちのたまり場を作っていたので、北面《ほくめん》の武士と呼ばれ、康和年間（一〇九九〜一一〇四年）ごろにはじまったとされています。平清盛も源義朝も北面の武士の一員でした。

後鳥羽上皇はその北面の武士に加えて、新たに西面《さいめん》の武士を組織して、朝廷に仕える武士団の増強を図ります。

かつて梶原景時は失脚後に、一族郎党と共に鎌倉を捨てて京都に走ろうとしていました。京都にはこのような天皇の武士団がありましたから、そこに再就職することが可能だったのです。梶原景時のような武士が参加することは、朝廷にとっても大歓迎だったでしょう。

実際、後鳥羽上皇は有力な御家人にまでスカウトの手を伸ばし、自分の味方につけていったのです。

大物御家人、大内惟義

後鳥羽上皇がスカウトに成功した武士で、一番の大物だったのが大内惟義でした。前の章で紹介した鎌倉幕府の序列一位、門葉（源氏一族）筆頭の平賀義信の長男で、時政の失脚時に殺された平賀朝雅の兄です。

惟義は早くから西国に進出していました。元暦元（一一八四）年、惟義は伊賀国の守護職に任じられます。翌文治元（一一八五）年に、頼朝によるいわゆる「守護地頭制度」が始まりますが、その先駆といってもいいでしょう。

伊賀国は非常に重要な土地で、隣国の伊勢国と共に平家の本拠地でした。惟義は、伊賀国の守護として、対平家の最前線に配置され、さらに敵の本拠地の占領政策を任されたことになります。また、近くにあった摂関家の荘園・大内荘の地頭に就任しました。以後、彼は平賀ではなく大内を名乗ることになります。

この伊賀で惟義は、次々と功績を挙げていきます。頼朝と対立して関東から逃げてきた頼朝の叔父の志田義広を捕まえて殺したり、反乱を起こした平信兼《のぶかね》を討伐したのです。

頼朝の信頼を勝ち取った惟義は相模守に推挙されました。武蔵守である父の義信とあわせ、親子で相模と武蔵を押さえたことになります。のちに政権を握った北条氏がこの二つの官職を独占したことからも、幕府の本拠地であるこの二国の重要性は明らかです。

大内惟義がどれだけ大物だったか、わかっていただけたでしょうか。

後鳥羽上皇に仕える御家人

惟義は元久二（一二〇五）年、弟の平賀朝雅が殺害された事件にも連座せず、朝雅のもっていた伊勢・伊賀の守護を引き継ぎました。駿河国の守護など、幕府の重職を務める一方で、後鳥羽上皇とのかかわりも深いものとなっていきます。

建暦二（一二一二）年七月に、大内惟義の使者が鎌倉にやってきます。その時に、朝廷と惟義の間でおこなわれたやりとりが伝えられました。それは以下のような内容です。

後鳥羽上皇が京都の鴨川の堤の補修を幕府（大内惟義）に依頼しました。惟義は九カ国の守護に指令して、貴族や寺などから補修費用を取り立てるように命じます。すると、方々から上皇のもとに「こんな遠慮のない取り立てをされて困り果てています」と不満が届きます。

上皇は大内惟義に「幕府に全部丸投げしたのだから、全部自分たちの財布でやってくれると思った。貴族や寺から無断でお金を取るとはどういうつもりか」と苦言を呈し、「大《だい》嘗会《じょうえ》で様々な物品を負担する近江、丹波両国と権門寺社を除いて、堤の役を課すように」との命令を伝えます。

これを聞いた大内惟義が、「木材の不足分はどこから手に入れましょうか」と尋ねると、上皇は、「お前ひとりに直接命令しても難しいようだ。それでは、鎌倉に命令を出すことにしよう」と答えます。そして「近江、丹波の両国と権門寺社を除いて、穏便にお金や物品を取り立てるよう、惟義たちに命令を出すように」という幕府宛ての院宣が出され、惟義の使者が持参したのです。

この記事から、重大なことが読み取れます。

それは、本来は幕府に任命された守護である大内惟義が、勝手に上皇の命令に従っていることです。後鳥羽上皇も惟義を自分の家来のように扱い、疑問点があれば相談に乗って解決策まで提示している。

そもそも木材の調達がうまくいかなかったから、幕府から正式な命令書を出すよう、上皇からの使者が幕府に送られることになったのです。もし調達がうまくいっていたら、幕府のあずかり知らないまま、鴨川の補修工事が終わっていた可能性があるのです。

ここでの大内惟義は、幕府から任命された守護であると同時に、独自の判断で上皇からの命令に従う、いわば後鳥羽上皇の部下のような存在になっています。

この時代、複数の主人に仕えることはそれほど珍しいことではありませんでした。しかし、頼朝は、鎌倉幕府の存在基盤を揺るがすものとして、自分を通さずに、御家人が直接朝廷の命令に従うことを激しく嫌がっていました。しかし、ここでは門葉筆頭の大物御家人であり、頼朝からの覚えもめでたかったはずの惟義が、その禁を犯しているわけです。

上皇が将軍を介して守護の仕事に干渉するにとどまらず、将軍を経由せずに直接守護と結びついてしまっているのです。

六カ国の守護を独占

こうした大内惟義と後鳥羽上皇の関係を考えたとき、見えてくるものがあります。惟義は幕府によって近畿周辺の六カ国（七カ国という説もあり）の守護に任命されていました。これはきわめて異例のことです。この六カ国の内訳は、越前国、美濃国、伊勢国、伊賀国、丹波国、摂津国。さらには尾張国も兼ねていたとする記録もあります。

中でも日本を東西に分断する越前国、美濃国、伊勢国は、交通の面でも防衛の面でも、きわめて重要なラインです。京都と鎌倉を結ぶ街道は、このいずれかの国を必ず通らねばなりません。古代に置かれた「三関《さんげん》」、北陸道を制する愛発《あらち》関、東山道の不破《ふわ》関、東海道の鈴鹿《すずか》関がここにあります。

なぜ惟義がこれほど重要なエリアを独占したのでしょうか？

たしかに惟義の家柄、実績はこれまで述べてきたとおりです。しかし、惟義が六カ国もの守護を任じられたのは、北条時政も失脚し、義時を頂点とする北条氏支配が進んでいる時期でした。

義時からすると、源氏一族筆頭で、将軍になってもおかしくはない家柄と実力を備えた惟義の存在は脅威でしかありません。そもそも弟の平賀朝雅は、その嫌疑のために義時に殺されているのです。

なぜ義時は、いつ自分に牙を剝くかわからない大内惟義のような武士に、重要な防衛ラインの守護を任せ続けたのでしょうか。

私は、大内惟義の守護任命には、後鳥羽上皇の強力な推薦なり働きかけがあったのではないかと考えます。承久の乱以前、幕府は常に朝廷とは（警戒しながらも）協調路線を取ってきました。後鳥羽上皇からの強い働きかけがあれば断れなかったはずです。残念ながらそれを立証する史料はありませんが、惟義と後鳥羽上皇の関係の近さなどの前後の動きは、この仮説によってうまく説明できます。

そこで注目したいのは、惟義が守護に任じられたのが、京都の東を固めるラインが中心だったことです。京都の西側は丹波国と摂津国だけ。このラインは、幕府からみると京都を取り囲む最前線と位置づけられます。では、逆に京都から見たらどうなるか？　東国からの攻撃を防ぐ防衛ラインにほかなりません。もし朝廷と幕府が武力衝突することになれば、惟義の任国はきわめて重要な意味を持つのです。

抵抗できない鎌倉幕府

もし私の仮説が正しいとすれば、幕府にとって非常に危機的な事態だといえます。まず有力な守護が直接、上皇のコントロールを受けていること。そして、防衛上重要なエリアに、上皇にとって都合のいい御家人が起用されていること。

『吾妻鏡』にはこんな話が出てきます。建永《けんえい》元（一二〇六）年のこと、伊勢神宮祭主の大中臣能隆《おおなかとみのよしたか》から、鎌倉幕府に使者がやってきます。

「加藤光員《みつかず》という武士はうちの荘園を管理していたのですが、最近は幕府に御家人として仕えているようです。その威光を笠に着て私の指示に従わないばかりか、神宮領で好き放題やっています。さらには、昨年、秘かに検非違使に任じられたといいます。早くその官職を止めてください」

鎌倉幕府は議論の末、「光員が神宮の土地を管理することを禁止する。ここまでは幕府の領分だ。ただ光員は後鳥羽上皇のお計らいで、検非違使の官職をもらっているのだから、われわれ幕府が何かいうことはできない」と返事をしました。

これが頼朝の時代であったならば、幕府に黙って検非違使を務めるなどもってのほか、加藤光員は鎌倉を追放されていたでしょう。しかし、この時期の将軍は源実朝で、「御家人が勝手に官職をもらっても仕方ない。欲しいという気持ちを我々が押しとどめることはできない」と諦めムードになっているのです。後鳥羽上皇にとってみれば、この状況は非常に好ましいものでした。幕府の弱腰に付け込み、次々と御家人を懐柔していったのです。

武士、ことに西国の守護などに任命された上級武士が朝廷に接近していった背景には、前章で述べた鎌倉幕府の政変も影響しています。義時が軍事と政治を独占していくのに対して、反発する武士も当然、出てきます。大内惟義はその代表的な存在といえるでしょう。そういった武士を自らの陣営に取り込んでいったのが後鳥羽上皇でした。後鳥羽上皇は、自分の力を疑うことなく、幕府の組織系統に手を突っ込んで、次々と自分の味方となる武士を増やしていきました。

軍事面でも同様で、比叡山の僧兵が暴れるとか、興福寺の僧兵が騒ぎを起こしているとなると院宣が出され、「あれをやっつけてこい」「次はあっちだ」などと御家人たちに後鳥羽上皇が直接指示を出すようになっていたのです。

後鳥羽上皇には、義時ら東国政権には真似のできない〝武器〟がありました。それが官位です。武士たちにとっても、官位は大きな魅力でした。朝廷から官位を与えられるなど、関東の田舎で自分の土地を血まみれで守ってきた武士たちにとっては、まさに大出世、家門の誉れです。さらにいえば、鎌倉時代になっても、より上位の権威によって、土地の権利を保障してもらう「口利きの論理」はなくなってしまったわけではありません。だから上皇に荘園の寄進が集中するのです。武士たちにとって、官位はまさに権威との結びつきの何よりの証でもあったのです。

京の武士・藤原秀康

後鳥羽上皇が大内惟義と並んで、頼りにしたのが京の武士、藤原秀康《ひでやす》（?～一二二一）でした。

藤原秀康の祖先は俵藤太（藤原秀郷《ひでさと》）で、祖父は義時に粛清された和田義盛の弟でした。秀康の叔母は大内惟義の妻になっています。

秀康は後鳥羽上皇に抜擢され、国司を歴任することになります。下野国から始まって、上総国、能登国、伊賀国、河内国、備前国、淡路国の七カ国、さらに二次史料にのみ見られる若狭国を入れると八カ国の国司を務めました。これだけの国の国司を務めるのも、異例中の異例です。

大内惟義に守護として六カ国を治めさせ、藤原秀康に国司として八カ国を治めさせる。後鳥羽上皇の念頭にあったのは、白河上皇と平家の関係だったかもしれません。白河上皇は摂関家と関係の深い源氏を嫌いました。そこで、源氏のライバルとしての平家を育成していくことで、自分の権力を支えようとしたのです。平清盛の祖父・平正盛や父・平忠盛は国司を歴任することで、その国の武士たちを支配下に組み入れていきました。後鳥羽上皇の軍事編成には、この平家モデルの影響がみてとれます。こうして後鳥羽上皇は、幕府に対抗できる軍事力を着々と整備していったのです。

後鳥羽 vs. 義時国家像の戦い

では、ここで承久の乱が起きた根本的な原因を考えてみましょう。私の考えでは、それは後鳥羽上皇に代表される朝廷の国家像と、北条義時に代表される在地領主の国家像の違いです。

後鳥羽上皇の国家観は、ある意味で朝廷の伝統的な国家観ともいえます。すべての頂点には皇家（天皇・上皇）がある。貴族、寺社、そして武士たちはそれぞれの得意な領域で、天皇・上皇を支える存在である。だから、鎌倉幕府の立場には一定の配慮はするが、御家人たちに上皇が直接、命令を下しても構わない。そもそも征夷大将軍という「位」も朝廷が与えたものであって、それを剝奪する権利も朝廷にある。

それに対して、頼朝や義時が考えていたのは、再三、論じているように「在地領主による、在地領主のための政権」でした。朝廷を否定するわけではないが、東国には東国のやり方がある。将軍という位も、あくまでも在地領主の結集や制御に役に立つから使用しているだけで、名目はどうでもいい。時政、義時に至っては自分たちにとって都合の悪い将軍ならば取替え可能だ、とも考えていました。自分たちが実力で作り上げた東国の秩序に、朝廷が介入するのは差し控えてほしい。御家人はあくまで東国政権に属するのであって、朝廷が直接手を出すことは望ましくない。

私のような歴史学者にとって興味深いのは、この朝廷と幕府の国家観の違いが、歴史学における中世国家論の議論と重なるところがあるからです。

歴史学の世界では、中世の日本を二つの大きな見方でみています。まず、天皇が中心にいて、日本は一つにまとまっていたと考えるのが、黒田俊雄さんが唱えた「権門体制論」です。日本の最高権力者である天皇・上皇を中心とした「王家」と、それを支える権門（権勢のある門閥、家柄、集団）として、政治を司る「公家」（貴族）、祭祀を執り行う「寺家」、そして、治安維持を司る「武家」がそれぞれ存在していたという考え方です。それぞれの「家」には得意なところ不得意なところがあるので、それぞれが欠点を補いながら（「相互補完」）、最終的には天皇を支えている。それぞれの権門の支配力も、最終的には王家の権威に裏づけされているかどうかが重要だ、という議論です。だから鎌倉幕府の支配の正統性は、天皇によって頼朝が将軍に任命されたことによって担保されている、と考えるのです。

それに異を唱えたのが、佐藤進一さんの「東国国家論」でした。この論は単純明快で、日本の権力は一つじゃない、という考え方です。そこでは鎌倉幕府と朝廷はそれぞれが独立した存在で、「相互に不干渉」で自立した権力だと論じます。

私は「東国国家論」の立場に近いのですが、相互不干渉は言い過ぎだと考えています。幕府も朝廷も互いのあり方や影響力を無視できなかった。相互に干渉しながら、二つの王権が存在したと考える「二つの王権論」（私の師である五味文彦氏の説）を唱えており、本書もその視点に立脚しています。ちなみに今の歴史学界では「権門体制論」が圧倒的な多数派です。なぜかというと、天皇が将軍を任命するのであって、逆ではない。それゆえに天皇と将軍は上下関係にあると、理解する人が多い。この表面的な相互関係を重視すると、権門体制論が妥当に見えるのです。表面ではなく実態こそが大切だ、とする私は少数派です。しかし、学問は多数決で決まるものではありません。

それはともかく、こうして比べてみるとおわかりのように、権門体制論は朝廷の立場、東国国家論は幕府の主張と、それぞれ重なり合います。

この二つは突き詰めていくと決定的に対立するものでもありますが、現実においてはけっして共存不可能ではありませんでした。

義時ら鎌倉幕府は、その支配の範囲はあくまでも東国中心であり、日本全国を支配しようという意図も実力も、まだ持っていませんでした。だから朝廷と全面衝突する理由はありません。

朝廷側も、かつての現状維持と自分の利得拡大しか頭にない上皇たちだったら、幕府と事を構えることなど考えもしなかったでしょう。

しかし、後鳥羽上皇は違いました。彼は朝廷中心の秩序こそがあるべき姿だという理念と、その実現を企てるだけの能力を持っていたのです。とはいえ、後鳥羽上皇もはじめから幕府と全面対決するつもりはありませんでした。後鳥羽上皇は鎌倉幕府の存在を認めつつ、自分の思うようにコントロールする自信もあったのです。その〝切り札〟は時の鎌倉将軍、源実朝でした。

将軍実朝を上皇の近臣に

おそらく後鳥羽上皇自身はさきほど紹介した「権門体制論」の枠組みで、自分の権力を認識していたと思います。上皇・天皇の下に武家があって、将軍は軍事部門として上皇の命令に従うべきである、と。しかし現実には、守護・地頭の設置に代表されるように、幕府は独自の権限を主張し、武士たちを排他的に支配しようとしています。

そこで後鳥羽上皇が考えたのは、武士のトップである将軍を上皇に忠実な従者とすることでした。御家人たちの主人は将軍であり、将軍の主人は天皇（上皇）。この論理が貫徹すれば、鎌倉の御家人たちは自分の命令に服するはずです。

後鳥羽上皇が「治天の君」として院政を敷くのは建久九（一一九八）年。一方、源実朝が将軍の座に就いたのは建仁《けんにん》三（一二〇三）年のことです。実は、実朝自身もこうした考え方に否定的ではありませんでした。むしろ、上皇に積極的に仕えることこそ、幕府と朝廷の正しいあり方だと考えていました。そのため、後鳥羽と実朝は非常に良好な関係を作っていきます。

後鳥羽上皇は、学問好きの実朝のために都の一流の知識人を家庭教師にすることを認めます。優れた歌人でもあった実朝は、『新古今和歌集』の選者である超一流の歌人、藤原定家に歌を送り、定家が添削をして返す形で個人レッスンを続けました。また学問的な能力に秀でていた下級貴族、源仲章《なかあきら》を鎌倉に送り込みます。彼は実朝の学問の師になったばかりか、幕府内の政治にも関与しました。

また実朝の婚姻関係にも後鳥羽上皇は深く関与していきます。自身の母親の実家である坊門家の信子を、実朝の正室にすることを認めたのです。

さらには官位です。実朝は驚くべきスピードで宮廷での地位を上げていき、ついには父・頼朝を凌《しの》いで右大臣にまで昇っています。

この右大臣就任は、非常に大きな意味を持っていました。武士の出身で太政大臣まで登り、位人臣を極めたのは平清盛ですが、その清盛を超えたことを意味するからです。清盛は最終的に太政大臣になりましたが、その過程が問題でした。内大臣になったあと、一足飛びに太政大臣になっているのです。朝廷の慣例として、同じ太政大臣になるにしても、内大臣↓太政大臣の飛び級コースよりも、内大臣↓右大臣↓左大臣↓太政大臣と一歩ずつ階段を上がるように出世するほうが、格が上なのです。藤原本家の摂政関白になる人間は、かならずこちらのコースです。しかも右大臣を経験すれば、よほどのことがない限り、確実に左大臣、太政大臣になれました。つまり、後鳥羽上皇は、最上級の官位を、実朝に提供したのです。

後鳥羽上皇にしてみると、鎌倉武士のトップを自分の考える秩序の中に完全に囲い込んだという認識があったはずです。しかし、そこに落とし穴がありました。

実朝は、朝廷と接近することによるデメリットに目を向けていませんでした。それは在地領主である御家人たちとの間にギャップが生まれてくることです。

頼朝はそのデメリットにきわめて敏感でした。将軍の地位を得てからも、京都の公家の美姫を正室に迎えることをせず、糟糠《そうこう》の妻たる北条政子を大事にするのです。京都から位をあげるといわれても、なかなか応じようとせず、権大納言・右近衛大将に任じられてもすぐに辞任してしまう。圧倒的に高度な都の文化、文物に背を向けて、ルック・イースト、東国重視の姿勢を貫くことで、頼朝は鎌倉武士の支持を調達することができたのです。

実朝がやったのはその逆でした。京都の文化に溶け込み、位人臣を極め、御家人たちが朝廷に接近しても食い止めることもできない。

「これでいいのか？」という危機意識は、当然、義時に代表される御家人たちの間に広がっていきます。そしてその危機感は、実朝暗殺という衝撃的なかたちで、現実のものとなったのです。

第六章　実朝暗殺事件

建仁三年（一二〇三年）	源実朝が将軍になる。
建保二年（一二一四年）	この頃、実朝が『金塊和歌集』を完成させる。
建保四年（一二一六年）	北条義時が大江広元を介して実朝の官位昇進を諌める。
建保五年（一二一七年）	公暁が鶴岡八幡宮の別当になる。
建保六年（一二一八年）	北条政子が卿二位と面会する。
建保七年（一二一九年）	一月二十七日、将軍実朝が暗殺される。 同日、暗殺の実行犯の公暁が殺される。 閏二月一日、幕府が後鳥羽上皇に親王下向を求める。上皇はこれを断る。 二月二十二日、阿野時元が殺される。

雪の夜の暗殺

建保《けんぽう》七（一二一九）年一月二十七日、鎌倉幕府のみならず朝廷をも震撼《しんかん》させる事件が起きました。実朝暗殺です。あまりにも有名な事件ですが、『吾妻鏡』をもとに簡単に概要を振り返っておきましょう。

この日、実朝は右大臣昇進を神に報告し感謝する儀式を執り行なうため鶴岡八幡宮を参拝します。ところが実朝が八幡宮の門に入ったところで、御剣役《ぎょけんのやく》（実朝の刀を持って随行する）を務めるはずだった北条義時が「急に心神が乱れ」、その役を源仲章に譲り、自分の館に帰ってしまいました。

夜になって雪が降り、鎌倉でも二尺余り（約六〇センチ）積もるなか、儀式を終えた実朝が拝殿から退出し、石段を下りたところを突然、一人の僧が駆け寄り、剣で実朝を殺してしまったのです。このとき、横にいた源仲章も殺害されます。この僧、公暁《くぎょう》は二代将軍・頼家の息子で、実朝にとっては甥にあたり、鶴岡八幡宮別当（長官）を務めていました。実朝襲撃の際、「父の仇を討ったぞ」と名乗りを上げたという証言があり、追っ手は公暁の住む本寺に向かいます。そこで僧兵たちと合戦になりましたが、公暁の姿はありません。

そのころ、公暁は実朝の首を持って現場から後見人のもとに逃走していました。食事をするときも傍らに実朝の首を置いたままだったといいます。さらに公暁は、三浦義村に使者を送り、「今、将軍はいなくなった。私こそが関東の長にふさわしい。速やかに計らうように」と伝えます。義村は公暁に「まずは拙宅にお越しください」と返事をしたあと、すぐに使者を派遣して、義時に報告します。義時はためらうことなく、公暁を討てと命じました。こうして三浦勢によって公暁は討ち取られたのです。

黒幕は誰なのか？

実朝暗殺の実行犯は公暁です。しかし、彼の単独犯行だったのでしょうか？　ここで気になるのは「今、将軍はいなくなった。私こそが関東の長にふさわしい」という言葉です。出家はしていましたが、公暁は武勇に優れていたという評もありました。「本来ならば、父の跡を継いで自分が将軍になるべきだった」と思い込んだとしても、それに呼応してくれる後ろ盾がいなければ、事が成就するはずはありません。実朝を殺したら将軍の座に就ける、と誰かが公暁をそそのかしたのではないか。多くの論者はそう考え、古くからこの事件の黒幕は何者かという議論が盛んになされてきました。

たとえば公暁が頼った三浦義村です。義村は、妻が公暁の乳母、息子が公暁の門弟と、非常に深い関係にありました。またこの義村は梶原景時の失脚にも関わったり、畠山重忠の乱のあと、時政の命で事件の首謀者に仕立てるべく稲毛重成、榛谷重朝を殺害したり、和田合戦では従兄弟の和田義盛を裏切って、義時側についたりと、謀略の海を泳ぎ渡ってきたしたたかな人物でもあります。

さらには後鳥羽上皇黒幕説もあります。これは慈円が『愚管抄』で唱えているもので、人間は分不相応な高い位を得ると災いが起きる、後鳥羽上皇はそれを狙って実朝の官位を上げたのだ、（「官打《かんう》ち」という）というものです。現代の目からするとオカルト的に思えますが、当時は慈円のような一級の文化人が真面目に論じていたのです。

さまざまな説があるなかで、やはり本命は北条義時でしょう。なんといっても事件の直前に、突然、心身の不調を訴えて、家に帰ってしまうなんて怪し過ぎです。公暁の襲撃を事前に知っていたから、行列に加わらないようにしていたのではないか、と多くの人が考えました。

これには批判的な意見もあります。公暁が源仲章を殺したのは、義時の途中退席を知らなかったからだ。もともとは義時を殺す予定だったのだ、というわけです。暗がりとはいえ義時と仲章の区別くらいはついたのではないかとも思うのですが……。

そうした個々の状況もさることながら、この暗殺事件を俯瞰《ふかん》で捉えたとき、やはり義時の深い関与があったと私は考えます。

第一に、『吾妻鏡』の記述を読むと、この暗殺事件が起こった後、公暁の手下といえる僧侶などは捕まって殺されているのですが、誰一人として公暁の背後関係に関して、調査をしていないのです。将軍が暗殺されたというのに、武士や貴族は取り調べをされていません。そこには最高実力者である義時の意図があり、もっと言えば「御家人の総意」があったと考えるのです。

実朝は「危険な存在」だった

このころ、実朝は義時をはじめとする東国の在地領主たちにとって扱いやすいとはいえない存在になっていました。もっと言えば、彼らにとって危険な存在となっていたのです。それが端的にあらわれたのが、朝廷との関係でした。

前の章でもみたように、実朝の時代には多くの有力御家人が平然と後鳥羽上皇に仕えるようになっていました。競うようにして北面の武士、西面の武士に取り立てられ、直接、上皇の指示を受けて警察・軍事活動を行なうようになっていたのです。大内惟義の例のように、幕府の職掌である守護の任命にまで後鳥羽上皇の意向が影響するようになります。これは幕府にとっては御家人統制の綻《ほころ》びにほかなりませんでした。

では、その責任は誰にあるのでしょうか。

源実朝というと、北条氏の傀儡《かいらい》に過ぎない文弱な飾りものの将軍だったというイメージがあります。もし、その通りであったら、実朝には責任はありません。

しかし、実態は違っていました。実朝は武士の首頂である将軍として、大きな実権をふるっていたのです。この従来の常識を覆す見解を示したのは五味文彦氏でした。氏の研究によると、実朝は政務、財政を司る政所を充実させ、将軍自らによる政治を推進していました。義時は実朝に助言して補佐はするものの、裁判も所領の安堵も実朝の権限だったのです。

実朝が将軍として実権を握っている以上、御家人統制が揺らいでいる最大の責任は、彼にある。事実、前の章でも示したように、実朝の朝廷への接近は誰の目にも明らかでした。もし後鳥羽上皇が意図したように、武士のトップとして実権を握った実朝が完全に上皇の重臣となれば、鎌倉幕府＝御家人たちもまた朝廷の支配下に置かれることになります。だから義時らにとって実朝は、「在地領主による、在地領主のための幕府」を否定しかねない、危険な将軍となっていたのです。

興味深いことに、義時の最高官位は従四位下。その後も北条氏はどんなに出世しても四位どまりでした。トップである北条氏が四位どまりですから、他の御家人も最高で四位まで。三位以上が一流の貴族である公卿ですから、誰も公卿にはならなかったのです。義時は一枚の肖像画すら残していません。

これは彼ら武士が朝廷で軽んじられたからではありません。ことに承久の乱以降、朝廷は事実上、幕府の支配下に置かれます。もし北条氏が望めば、いくらでも高い位に就くことは可能だったでしょう。つまり、そこには北条氏の明確な意志があったと考えるべきです。

おそらく義時は官位という朝廷の序列の外側に、自分たち武士を置こうとしたのです。

それは高い官位を受けることで、東国の御家人たちとのギャップを生み出してしまった実朝の失敗を踏まえたものであり、自分の許可なくして官位を得てはならない、という頼朝の遺志を継ぐものでもありました。それがまさに東国の在地領主たちの求めたものだったからこそ、実朝暗殺という大事件も平静に受け止められ、鎌倉幕府は名実ともに「義時とその仲間たち」となっていくのです。

源氏直系が根絶やしに

もともと鎌倉幕府は、頼朝をトップに担ぐことによって、自らの利益を守るためには武力に訴えることをためらわない荒々しい東国武士たちが互いに協調するための仕組みだったといえます。そのとき、頼朝が「源氏の棟梁」であることは大きな意味を持っていました。たとえば北条時政がいかに実権を握ろうとも、東国武士たちを結集させるには「源氏の棟梁」という権威が必要だったのです。

しかし、時代は変わりました。いまや鎌倉幕府には実力で勝ちあがった義時という「王」がいます。もう「源氏の棟梁」は必要ないのではないか。将軍は単なるお飾りとして、サバイバルの勝者、義時が武士の首頂（＝王）となって、朝廷に対して毅然と対峙し、東国の権利を主張すべきだ――。幕府の中枢をなす有力御家人の間で、こうしたコンセンサスが出来上がったとき、もはや実朝は排除の対象となった。そう考えるのが妥当でしょう。そのとき、実朝暗殺の最終決定者＝黒幕は、義時以外に考えられません。

実際、鎌倉幕府にとって源氏の役割はすでに終わっていたと見るべき証拠もあります。実朝暗殺からひと月も経たずに、源氏の直系を根絶やしにする事件が起こるのです。二月十五日、頼朝の弟である阿野全成の嫡男、阿野時元《ときもと》が駿河国で城を構えたとの一報が入ります。すると北条義時はすぐに鎮圧を命じて、時元を殺しています。

さらに頼家の次男で公暁の弟にあたる禅暁《ぜんぎょう》という僧侶がいましたが、彼も事件後に幕府の監視下に入り、翌年殺されています。もしも「源氏の血」が必要であれば、どちらかを四代将軍にしてもおかしくはありませんでした。しかし義時は、容赦なく彼らを抹殺していくのです。この時点で、御家人たちは鎌倉幕府の代表は北条義時であることに納得していました。だから、阿野時元や禅暁を奉じて、源氏将軍を復活させようとする御家人などいなかったのです。

その意味では、実朝暗殺によって、義時の「王権」は確立したといえるでしょう。将軍よりも執権である義時がすべての決定権を握る。より時代が進むと、執権ですら幕府の最高権力者ではなく、得宗家《とくそうけ》（北条本家）の家長が実権を持つようになります。まさに「地位より人」の世界なのです。

「親王将軍」をめぐる思惑

そもそも源氏将軍の断絶は、実朝の存命中から決定していました。以前から病気がちだった実朝には子どもがいませんでした。そこで、幕府は朝廷から養子を迎え、実朝の後の鎌倉幕府の将軍になってもらうつもりで準備をすすめていたのです。

建保六（一二一八）年、北条政子が使者として上洛し、後鳥羽上皇の側近として権勢をふるっていた女官、卿二位《きようのにい》に面会しています。この会談で、後鳥羽上皇の皇子で、卿二位が養育している冷泉宮頼仁《よりひと》親王、もしくは六条宮雅成《まさなり》親王を四代将軍の候補とすることが内定しました。

この縁組みの位置付けは幕府と朝廷で大きく異なっていたと考えられます。後鳥羽上皇からすれば、これは実朝取り込み政策の延長線上にあるものでした。武士の頂点である将軍に、自分の息子を送り込むことは、まさに究極の朝廷による幕府支配の実現となります。

しかし義時ら幕府の思惑は違いました。親王は天皇家の一員であり、武士ではありません。それを将軍として迎えることで、将軍を武士のヒエラルキーから切り離し、単なるお飾りにすることができます。さらに親王を将軍に迎えれば、朝廷も幕府もともに天皇家をいただくものとして同格の存在となり、より独立した国家として歩む大義名分ができる。親王将軍をめぐる合意の背後には、こうした東西の越えがたい思惑の違いをみてとることができるでしょう。

後鳥羽上皇の不信

しかし、親王将軍は実現しませんでした。

実朝の死後間もない閏二月一日、幕府は後鳥羽上皇に親王を鎌倉に下向させてほしいと要求しますが、上皇は「(皇子)二人のうち一人を必ず下向させよう。ただし今すぐというわけにはいかない」と答えるのです。この回答の裏には、後鳥羽上皇の幕府への強い不信がありました。

上皇にしてみれば、実朝は対幕府政策の要ともいうべき存在でした。実朝が上皇に臣従の姿勢を鮮明にすることで、鎌倉幕府は朝廷の軍事部門関東支部として、後鳥羽上皇を頂点とする秩序のなかに位置付けられるのです。それを一夜にして失ってしまった上皇の歎きは、『吾妻鏡』にも短く記されています。

〈実朝が亡くなられたことについて、(後鳥羽は) 特に歎かれていると仰せ下される〉(建保七年三月九日)

後鳥羽上皇は、結局、親王の鎌倉行きを拒否します。二代将軍頼家は幽閉され、三代将軍実朝は暗殺される。そんな危険な鎌倉に息子を送るわけにはいかないと考えたとすれば、もっともな話です。

実朝暗殺の状況や、その後の幕府の対応、有力御家人たちの空気などは、当然、後鳥羽上皇にも伝えられたでしょう。実朝を失ったことで幕府をコントロールする方法を覆された上皇は、鎌倉幕府への不信を募らせていったと考えられます。

では、いかにして幕府を押さえ込むか。後鳥羽上皇には新たに組織した武士団がありました。東国の「王」となった義時に対して、不満を抱く武士もいます。軍事に立脚した集団を屈服させるには、軍事が最も有効だ――。そう考えたのではないでしょうか。

第七章　乱、起こる

承久三年（一二二一年）	
五月十五日	後鳥羽上皇が幕府の「追討」を命じる。
同日	官軍が京都守護の伊賀光季を討つ。
五月十九日	京都から上皇の挙兵の知らせが鎌倉に届く。
五月二十二日	幕府軍が京都に向かって出陣する。
六月五日	美濃国で幕府軍が官軍を破る。
六月十四日	幕府軍が瀬田、宇治で官軍を破る。
六月十五日	後鳥羽上皇が幕府に敗北を認める使者を送る。

「義時を誅殺せよ」

承久三（一二二一）年五月十五日、後鳥羽上皇がついに鎌倉幕府の「追討」を決意します。『吾妻鏡』の伝えるところでは、「勅命に応じて右京兆《うきょうちょう》（北条義時）を誅殺せよ。勲功の恩賞は申請通りにする」との命令を各地の御家人に与えたのです。残念ながら実物が残っていませんので、歴史学的には、それが正式文書である「官宣旨」なのか、その略式版の「院宣」なのかは今も議論の分かれるところですが、それはさておくとします。

これは歴史のｉｆですが、もし後鳥羽上皇がわざわざ「義時を討て」と言わなかったらどうだったでしょうか？　私は、少なくともしばらくの間は、朝廷と幕府は緊張をはらみながらも宥和的な関係を保ち得たと思います。

というのは、前にも述べたように、この時点では、鎌倉の東国政権はまだ自分たちの力を西国にまで及ぼそうとは考えていなかったからです。この時点の幕府にできたのは、あくまでも地頭の延長線上にある土地の本領安堵でしかありません。朝廷が作り出した土地支配の論理を否定し、刷新することはできなかったのです。武士が、土地所有の新しい原理原則を本格的に作り出せたのは戦国時代以降のことでした。

本来であれば、危うい均衡を保ち得たはずの幕府と朝廷の関係が一気に変わってしまったのは、後鳥羽上皇という特異な力を持った存在がいたからです。後鳥羽は自分の考えるあるべき秩序の回復のために、軍事力を行使することを決意したのです。

義時排除＝倒幕

後鳥羽上皇の命令に「義時を討て」とあることを捉えて、後鳥羽上皇は北条義時を排除することだけが目的で、鎌倉幕府の存在そのものを否定したわけではないという説があります。しかし、私はこの説は成り立たないと考えています。

そもそも冒頭でも論じたように、この時代、「幕府」という言葉自体がないのです。統治の主体だと考えられていたのは、システムではなく、あくまでも「人」、すなわち最高指導者とそれを支持する人々でした。

だから、朝廷が幕府を倒す命令を下すときには、必ず排除すべき指導者の名を挙げるのです。たとえば以仁王の令旨には「清盛法師ならびに従類の叛逆の輩を追討すべきの事」

と記されており（まさに「清盛とその仲間たち」です！）、後醍醐天皇が下した討幕の命令にも、倒すべき相手は「平時政（北条時政）の子孫」とされていました。

鎌倉幕府の実態が「北条義時とその仲間たち」なのですから、義時を討つことは鎌倉幕府を否定することと同じなのです。その意味では、将軍ではなく（実際には摂関家から鎌倉に赴いたばかりの九条頼経《よりつね》はわずか四歳で、将軍の座は空位でしたが）、義時こそが最高権力者であるとした後鳥羽上皇は鎌倉幕府の構造を見抜いていたといえるでしょう。

さらに重要なのは、鎌倉幕府を支える御家人たちの間で、義時追討令とは幕府を倒すことだという認識が共有されていたことです。これを説明するためには、後鳥羽上皇の命令に、それぞれの武士たちがどのように反応したかをみていく必要があります。

在京御家人の寝返り

後鳥羽上皇がまず働きかけたのは在京の御家人たちでした。後鳥羽の目論見どおり、佐々木広綱《ひろつな》（近江国、長門国、石見国守護）、佐々木経高《つねたか》（阿波国、淡路国守護）、佐々木高重《たかしげ》（阿波国守護代）、後藤基清（播磨国守護）といった、かなりの数の在京御家人たちが上皇につくことを決めます。そのなかには幕府の重鎮である三浦義村の弟で検非違使判官を務めていた三浦胤義《たねよし》もいました。

当時の京都守護は、大江親広《ちかひろ》と伊賀光季《みつすえ》の二人でした。親広は幕府の知恵袋である大江広元の息子で、義時の娘を妻にしていました。一方の伊賀光季は、姉（もしくは妹）が義時の後妻となっています。このうち大江親広は朝廷側につき、伊賀光季は上皇の誘いを拒否しました。

朝廷軍はまず光季を最初の標的とします。光季は、鎌倉に変事を知らせる使者を送った直後に朝廷軍の襲撃を受け、あっけなく殺されてしまいます。このとき朝廷軍の中核となったのは、先に述べた藤原秀康、そして大内惟義の嫡男である惟信《これのぶ》でした。後鳥羽上皇にとっては不運なことに、最も頼りとしていた惟義は、実朝暗殺後に病没していたのです。

一方、貴族のなかにも上皇に逆らい、幕府側についた人物がいます。西園寺公経《きんつね》です。公経は事前に乱の情報を伝える使者を鎌倉に送り出しました。頼朝の妹の子を妻に持ち、四代将軍の頼経の外祖父でもあった公経は、たしかに公家のなかでは幕府に近い存在でしたが、貴族が上皇の命に反して、はっきりと幕府に味方した例は、他にはほとんど見られません。公経は後鳥羽上皇によって幽閉されてしまいました（殺害も検討された）が、乱の後、鎌倉幕府によってたいへんに優遇されます。もともと西園寺家は出世しても内大臣どまりの家だったのですが、公経以降、代々最高位の太政大臣までのぼるようになります。

北条政子大演説の真意

御家人たちの多くが後鳥羽側についた京都に対して、鎌倉はどう対応したのでしょうか。『吾妻鏡』によると、五月十九日、伊賀光季が送った飛脚が鎌倉に着き、その後も次々と京都から乱の情報が届きます。

そのなかで、三浦義村（あの実朝暗殺の際も重要な役どころを務めた義村です）のもとに、弟の胤義から決起をうながす手紙が届くのです。これを受け取った義村は返事すらせずに使者を追い返し、その手紙を持って、北条義時のもとに赴きました。そして「弟の反逆には同心せず、義時様に並びなき忠節を誓います」と宣言します。実朝暗殺のときと同じようなパターンです。

鎌倉の北条の館には、義時の長男、北条泰時や大江広元、源氏の名門足利家の頭首である足利義氏など有力御家人が参集します。そこで御家人たちの前で、あまりにも有名な北条政子の大演説が行われます。よくドラマや小説では政子は、御家人たちの前に立ってひとりひとりの顔を見ながら語りかけたように描かれますが、『吾妻鏡』によれば、これは間違い。政子は御家人たちの前に姿を現して話をしてはいません。

〈政子は御家人らを御簾の側に招き、秋田城介（安達）景盛を介してよくよく指示して言った〉

政子の話を聞いて、みなに語っているのは安達景盛。頼朝の流刑時代からの側近、盛長の嫡男です。少し長いですが、引用します。

〈「皆、心を一つにして承るように。これが最後の言葉である。故右大将軍（源頼朝）が朝敵を征伐し、関東を草創して以後、官位といい、俸禄といい、その恩は既に山よりも高く、海よりも深い。（その）恩に報いる思いが浅いはずはなかろう。そこに今、逆臣の讒言によって道理に背いた綸旨《りんじ》が下された。名を惜しむ者は、速やかに（藤原）秀康・（三浦）胤義らを討ち取り、三代にわたる将軍の遺跡《ゆいせき》を守るように。ただし院（後鳥羽）に参りたければ、今すぐに申し出よ」〉

小説などでは、上皇からの命令に逆らって朝敵となることをためらう御家人たちが、この政子の言葉によって、一つにまとまったとされる場面ですが、後鳥羽上皇に従うつもりならばすでに兵を起こしているでしょう。御家人たちは上皇の命令に従うどころか、みな義時のもとに駆けつけたのです。そこで義時を粛清して自分たちが新たに幕府の主導権を握ろうといった議論がなされた形跡はありません。ある意味では、この時点で後鳥羽上皇の企図は半ば潰えていたともいえるのです

むしろこの政子の言葉は、なぜ御家人たちが朝廷を敵に回すことを厭わなかったのかを説明してくれます。キーワードは「恩」、すなわち土地の安堵です。御家人たちにとって、鎌倉幕府は自分たちの土地を守るために、自分たちで作り上げたものでした。頼朝のもとに結集したからこそ、それまで関東の在地領主などには目もくれなかった朝廷もその力を認めざるを得なくなり、官位を与えたのだ、そう政子は指摘したのです。

後鳥羽上皇の命令は、武士政権の否定である。そう考えた東国の武士たちは生き残りをかけた戦いに向かうのです。

文官たちが京都攻撃を進言

このとき義時には二つの選択肢がありました。

ひとつは鎌倉を拠点にして、関東に至る各地の関所に防衛ラインを築き籠城する作戦です。そもそも頼朝が鎌倉を根拠地に選んだのは、この地が「鎌倉城」とも呼ばれるほど防衛の拠点として優れていたからです。三方を山に囲まれ切通しを通らないと進入できず、南は海に面していますから、大軍をもって攻めるのは難しい。その意味では籠城にはもってこいの場所だといえます。

もう一つは、軍勢を京都に差し向けて、一気に敵の根拠地を落としてしまう作戦です。この場合、頼朝が平家を倒したときのように、上洛のための軍を編成することになります。

幕府の首脳部は激論を交わし、いったんは足柄と箱根の二つの関所を固めて、関東に籠る作戦を取ることに決めたのですが、これに反対したのは文官のトップである大江広元でした。広元は、関所を守って時間を過ごすことは、関東の武士たちを不安にさせ、離反を招くおそれがある、と主張したのです。さらに北条政子も広元を支持しました。

そこで上洛の命令を下すのですが、二日後、再び異議が出て、なかなか結論は出ません。広元は言葉を重ねて、もし今夜のうちに泰時ひとりでも京都に向かって急行すれば、東国の武士たちは雲が龍になびくように従うはずだ、とまで言いました。そこで、やはり頼朝の流刑時代からの文官の長老で、高齢で自宅静養中だった三善康信に意見を求めると「あれこれ議論を重ねるのは愚かな考えで、時間を無駄に使ったのは怠慢だ」という。こうして二人の長老の積極策を聞いて、義時は息子の泰時に軍を率いて出発することを命じたのです。実際に戦う軍人が消極的で、文官のほうが積極策を主張するのはよくあることでもありますが、広元たちは文官だからこそ、武士の心理を冷静にみていたように思えます。勢いのあるほうに乗じるのは武士のならい。待つことの心理的なマイナスを指摘したのです。

ここで興味深いエピソードがあります。翌六月になって、義時の館に雷が落ち一人が亡くなりました。義時は何か悪いことが起こる前兆ではないかと心配になり、大江広元を呼んで、「泰時らの上洛は朝廷に逆らい奉《たてまつ》るためである。そして今この怪異があった。あるいはこれは運命が縮まる兆《きざ》しであろうか」と相談するのです。すると広元は「まったく恐れるには及びません」といって、頼朝の時代に雷が落ちて戦に勝った逸話を披露して、義時を安心させました。当時の人々の心象がうかがえると同時に、さすがの義時にとっても朝廷と事を構えるのが強いプレッシャーだったことを示しています。

三道に分かれての上洛

幕府は、東国に義時の奉書を伝え、一族を率いて出陣するよう命じました。『吾妻鏡』には遠江、駿河、伊豆、甲斐、相模、武蔵、安房、上総、下総、常陸、信濃、上野、下野、そして陸奥、出羽と、動員の範囲が示されています。これらの国々が当時の東国であり、幕府の勢力圏がおよぶエリアだったことがよくわかります。これより三河、美濃以西は西国であり、幕府の動員の外なのです。

五月二十二日から二十五日にかけて、幕府軍は三つの軍勢に分かれて京都を目指します。主力は東海道方面軍で、北条時房（義時の弟）、北条泰時（義時の長男）、三浦義村らが率いました。東山道方面軍は、武田信光《のぶみつ》や結城朝光らの軍勢が、北陸道方面軍は北条朝時（義時の次男）が進軍しました。

では、実際にどれだけの兵力が動員できたのか。これが難題なのです。軍記物語には、「兵力は盛って記しても構わない」という暗黙の了解でもあったのか、ともかく無責任に「何万騎、何十万騎」と景気の良い数字を並べます。豊臣秀吉が天下統一に向けて大軍を

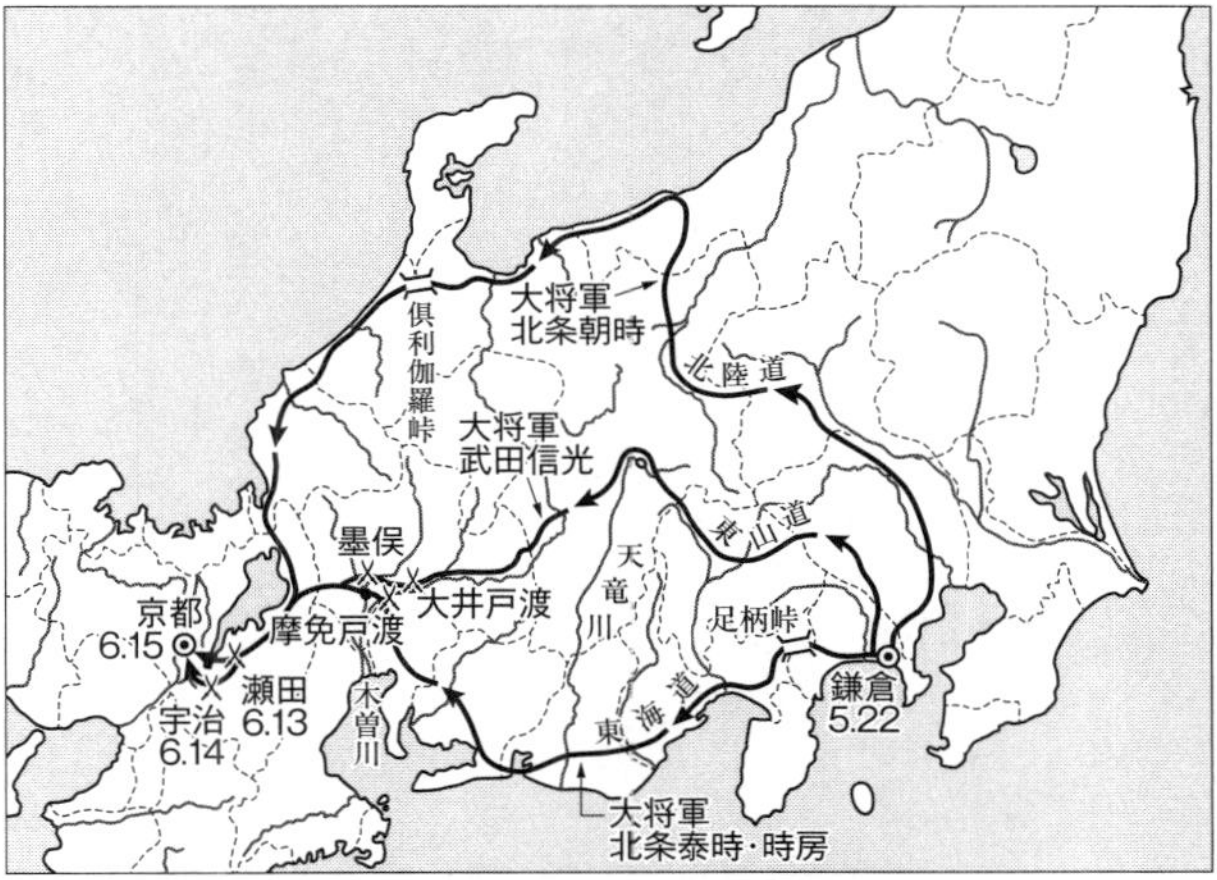

承久の乱の幕府軍の進路

『現代語訳 吾妻鏡8 承久の乱』を基に作成

催したとき、また朝鮮に出兵したときに「二十万人」という兵力が姿を現しますが、秀吉の権力は鎌倉幕府の権力の何十倍にも相当します。だからこそ実現した大軍の編成です。軍記物語の「何万騎」など信用できるわけがない。

そこで私は『吾妻鏡』を史料として使おうと思います。ただし、『吾妻鏡』にも軍記物語の影響は及んでいて、やたら景気の良い数字は出てきます。一方で、これは実数に近いな、と思わせる地味な数字も出てくる。そこで、景気の良い数字は参考にせずに、地味な数字に注目する。すると、どうなるか。

たとえば『吾妻鏡』は幕府軍の東海道

の軍勢は十万、東山道は五万、北陸道は四万と書いている。合計で十九万ですが、まあこんな数はウソ八百ですね。誇大もいいところ。ところが、後述しますが、二手に分かれて京都に入った幕府軍は、北条泰時率いる「勇者五千騎」とある。二手に分かれていたのだから、全軍では、単純に二倍して一万。この辺りが実数に近いのではないか。それでも、当時としては驚くほどの大軍ですが。

朝廷軍の兵力も見てみましょう。『吾妻鏡』決起の五月十五日の朝、集まった官軍は千七百騎だったと記します。このうち、伊賀光季を討ちに向った大内惟信、三浦胤義、佐々木広綱の軍勢が八百騎。こちらのほうは比較的リアルな数字ではないでしょうか。

五月二十六日、藤原秀澄《ひでずみ》（秀康の弟）は、幕府軍の規模に驚き、美濃国から京都に使者を出し、次のように伝えました。

〈「関東の武士が官軍を破るため、間もなく上洛しようとしています。その軍勢は雲霞のよう（な大軍）で、仏神の御加護がなければこの天災を退けることはできないでしょう」。これにより院中はようやく慌てふためいた〉

次々と使者が朝廷に到着し、幕府の軍勢の多さが伝えられますが、上皇も貴族も驚いてばかりでなんら対抗策を出そうとしません。

やっと六月三日になって、各方面に官軍を派遣することを決めますが、遅きに失していました。美濃国が最も重要な防衛ラインと考え、木曽川沿いの大井戸渡《おおいどのわたし》に大内惟信、摩免《まめ》戸渡《どのわたし》に藤原秀康ら主力軍を送って、迎撃態勢を取ったのです。

ところが、幕府軍が現れると、そのあまりの多さに朝廷軍の指揮官たちは驚き慌て、少し戦っただけで、早々に木曽川の防衛ラインを放棄してしまいます。摩免戸にいた鏡久綱という官軍側の武士は、〈臆病な（藤原）秀康に付き従ったため、思うように合戦することが出来ず、非常に後悔している〉との言葉を残し、自決しました。

一般的な戦争の常識として、城攻めでは、敵の三倍から五倍の兵力が必要とされています。木曽川沿いに防御態勢を敷いた官軍を決起の日と同じのまとめて千七百騎と仮定すると、それを数で圧倒した幕府軍をその五倍、もしくはそれ以上とすれば、およそ一万騎。先述した数と合致します。東海道の泰時軍、東山道の武田信光軍がそれぞれ五千騎ずつだったと考えれば、リーズナブルですね。これに北陸道を合わせて、一万数千騎というところが、承久の乱で幕府軍が動員した兵力だったのではないでしょうか。

一方、官軍の戦略は？

相次ぐ敗戦の報に、京都は大混乱に陥ります。六月八日には後鳥羽上皇は比叡山に逃れ、「ひたすら山門（延暦寺）だけを頼りに思っている」と僧兵に期待を寄せますが、延暦寺側からは「衆徒《しゅと》の乏しい戦力では、東国武士の強大な力を防ぐことはできません」と断られてしまいます。

ここまで読んで、疑問に思った人も多いのではないでしょうか。戦いを仕掛けた側であるにもかかわらず、官軍にはほとんど戦略らしきものが感じられない、と。私もそう思います。もし、後鳥羽上皇が本気で迎撃戦を行なうのであれば、愛発関（北陸道）、不破関（東山道）、鈴鹿関（東海道）の三関《さんげん》に強固な防衛拠点を作るべきでした。これは古来、東の攻撃から京都を守るときの基本中の基本です。しかし、そういったことを全くしていない。じゃあ、関東に攻め込むのかと言えばそんな準備も戦略もありません。傾聴すべきだと考えれば、文官長老の意見までも取り入れ、真剣な討議を重ね、生き残りをかけて打って出た義時たちとは、構えからして違っていました。

最後の防衛ライン

六月十二日になって、官軍は軍を再編成し、京の絶対防衛ラインともいえる近江の瀬田と山城の宇治に集結させて、いわば最後の決戦に備えます。ここを破られれば、京都を守ることはほぼ不可能です。

これまでは朝廷軍の戦力については、『吾妻鏡』には妥当な数字が記されていたのですが、この瀬田・宇治の闘いに関しては、急に怪しくなってきます。近江の三穂崎《みおがさき》に一千騎、勢多（瀬田）に三千騎、食渡《じきのわたし》に藤原秀康、三浦胤義ら二千騎、鵜飼瀬に一千騎、宇治に二万騎などと、あまりにも増えすぎで信憑性がありません。これは無視しましょう。

宇治方面の官軍の指揮官として源有雅《ありまさ》（正二位・権中納言）、藤原範茂《のりしげ》（従三位・参議）など生粋の貴族たちの名前が出てきますから、総動員が行われていたのでしょう。数の水増しは官軍の必死さを表現している。

宇治の戦いでは死傷者の名前がリスト化されて『吾妻鏡』に収められています。人名が列挙されていますが、他の資料でもウラが取れる人がかなりいる。これはもっとも信用に値する生の史料と判断できます。それによると負傷したのは百三十二名、死者の名を数えると全部で九十八名になります。死者と負傷者を比率にすると一対一・三五になります。大体、近代戦においては、死者一に対して負傷者三〜五の比率になるといわれ、現代は医療技術の向上から一対十五と、死亡する比率が下がっています。この宇治の戦いの一対一・三五は、リアルな数字ではないでしょうか。

また、近代の戦争では三割が死傷するとほぼ全滅とみなされます。命令系統がズタズタになり軍隊の体をなさなくなるからです。宇治での朝廷軍の死者数は二百五十五人（これも『吾妻鏡』の数字）ですから、これを全体の三割と考えると、宇治の兵の数は全部で八百五十人。宇治と瀬田は朝廷軍の最後の防衛ラインですから、持てる兵力を根こそぎ動員して、半分ずつ配置したと考えると、両方を合わせて、おお！　千七百人になります。こう考えると、決起の日に集まった千七百騎、というのは非常にリアリティのある数字といえるでしょう（なお「〜騎」と「〜人」というのは違う、馬一頭にはそれを世話する人が二人はつくので、一騎というのは馬に乗る一人と世話する二人、あわせて三人くらいを指すのだ、という説明もあります。ですが『吾妻鏡』がそうしたことを踏まえて「騎」と「人」を書き分けているようには感じられませんので、ここでは「〜騎」＝「〜人」と単純化して考えます）。

瀬田の戦い

かくして六月十三日、京都の入り口である瀬田で決戦が始まります。北条時房が率いる幕府軍が瀬田に到着すると、官軍は瀬田の大橋のたもとで待ち構えていました。『熊谷家文書』という史料によると、武蔵の御家人である熊谷直国《なおくに》は、瀬田大橋で幕府軍の第一陣（最前線）に配置されていました。

〈行桁ハヒワタリ、万人ニ勝リ、西ノ橋爪ニ於イテ打死〉

官軍は橋の板を外して、骨組みだけにして、簡単に河を渡れないようにしていました。そして楯を並べて、身体を隠しながら矢を放って攻撃をしたようです。『吾妻鏡』にも〈橋の中央二間（の板）を曳き落とし、楯を並べて鏃《やじり》を揃え〉と同様の記述があります。

直国は、その矢が浴びせかけられる中を、這《は》って橋を渡って行きました。そして、橋を西の端まで渡り切ったところで、討ち死にを遂げたのです。その功績によって熊谷家は安芸に荘園をもらいました。

熊谷のような命知らずの御家人が次々と突入し、翌十四日になって、遂に幕府軍は、瀬田の橋を渡り切ります。朝廷軍の指揮官たち、大江親広、藤原秀康、佐々木広綱、三浦胤義らは陣を捨てて逃亡しました。

宇治川の戦い

一方で、北条泰時の率いる幕府軍は南に迂回し、宇治方面に進出します。宇治に到着すると、泰時の許可を得ないまま、幕府軍の先陣が官軍と戦いをはじめてしまいました。ここでも、瀬田と同様、橋を巡る戦いが繰り広げられます。緒戦は官軍の弓矢を使った攻撃が成功し、幕府軍は突破に失敗します。

〈官軍が矢を放つことは雨のようで、東国武士は多くがこれに当たり、（退いて）平等院に立て籠もった〉（『吾妻鏡』承久三年六月十三日）

さらに大雨が降ってきたため、この日の戦いは終了となりました。

翌十四日に泰時は、橋ではなく河を渡って敵陣に切り込むべきだと考え、宇治橋の周辺を調べさせました。泳ぎの達者な芝田《しばた》兼義《かねよし》という御家人が浅瀬を見つけ、泰時軍はそこを渡って突破を試みます。

〈兵士が多く水面に轡《くつわ》を並べたところ、流れが急で、まだ戦わないうちに十人中の二、三人が死んだ〉

渡河作戦はかなりの苦戦だったようで、泰時は息子の時氏に、「わが軍は敗北しようとしている。お前は速やかに河を渡り、敵陣に切り込んで討ち死にしろ」と命じ、さらに、泰時自身も河を渡ろうとします。

馬の轡を取っていた春日貞幸は、泰時の身を案じ、一計をもうけます。「甲冑を着ている者は溺れています。お脱ぎになってください」と進言し、泰時が甲冑を脱いでいる間に馬を隠してしまったのです。春日の機転がなければ、後に御成敗式目《ごせいばいしきもく》を制定し、北条政権の基盤を固めた名執権は、宇治川の流れにのまれてしまったかもしれません。

戦闘がある程度進み、幕府軍は近隣の民家を壊して筏《いかだ》を作り、ついに河を渡ります。

〈泰時が岸に着いた後には、武蔵・相模の者が特に攻めて戦った〉

こうして宇治戦線が崩壊し、源有雅、藤原範茂らは逃亡しました。幕府軍は瀬田（東）・宇治（西）の二方面から進攻し、京都を占拠しました。後鳥羽上皇が義時誅殺を命じてからわずか一カ月、戦は鎌倉幕府の圧勝に終わったのです。

後鳥羽上皇の完全降伏

六月十五日、後鳥羽上皇は北条泰時に使いを送り、全面降伏ともとれる院宣を伝えました。ちなみに、このとき泰時の周囲にいたのがこれまで何度か言及した「勇者五千騎」で、そのほとんどは、この院宣を読むことができませんでした。当時の東国武士たちの識字力はその程度だったのです。

〈(藤原)秀康朝臣、(三浦)胤義以下の徒党、追討せしむべきのよし、宣下すでにおわんぬ、

……凡《おおよ》そ天下の事、今に於いてはご口入に及ばずと雖《いえど》も、ご存知の趣、いかでか仰せ知らざるか。凶徒の浮言に就《つ》きて、すでにこの御沙汰に及ぶ。後悔左右に能《あた》わず。

……自今以後は武勇を携えるの輩は召し使うべからず、また家を稟《う》けずに武芸を好む者、永く停止せらるべきなり……先非を悔いて仰せられるなり〉

つまり、この戦いは藤原秀康と三浦胤義たちが起こしたもので、あなたの申請どおりに彼らの追討の命令を出そう、というのです。「凶徒の浮言」、凶悪な者のでたらめな言葉に

騙されて後悔している、というのです。

さらに重要なのは次の二点です。
1　もう政務には口出ししない。
2　これからは武士たちを出仕させない。また貴族でも、家業をつがず武芸の稽古をしている者は朝廷に出仕させない。
つまり、この院宣は、完全降伏の文書であり、武力放棄を宣言しているのです。私はこの文書こそ、承久の乱の歴史的意義を最も端的にあらわすものだと考えます。

権力とは何かをつきつめて考えていくと、「人々をその決定に従わせる力」ということになるでしょう。それにはさまざまな要素があります。天皇の権威、長年の支配の伝統といった観念的なものもある。しかし、権力を支えるうえで最も強力な要素は、不服従に対してペナルティを科す力、すなわち武力なのです。治安を維持する警察や、トラブルを調停する裁判も、最終的には強制的にでもその決定に従わせる武力を必要とする。

その武の力を知っているからこそ、後鳥羽上皇は御家人を切り崩し、武力によって、意に沿わない幕府を屈服させるために、承久の乱を起こしたのです。

しかし、その敗北は決定的なものとなりました。このあと、武力を放棄した朝廷は、政治判断や訴訟の判決などを、自らの力で行なうことができなくなったのです。最終的な解決は、すべて武力の最大の保有者である鎌倉幕府に依存せざるを得ない。幕府と朝廷の力のバランスは、圧倒的に幕府側に傾きました。戦後処理として行なわれた、後鳥羽上皇を含む三上皇の配流や、幕府による天皇の決定などはいわばその結果なのです。

第八章　後鳥羽上皇の敗因

寿永二年（一一八三年）	後鳥羽天皇が即位する。
寿永三年（一一八四年）	大内惟義が伊賀国守護に任じられる。
文治元年（一一八五年）	源頼朝が各国に守護を設置する。
建久九年（一一九八年）	後鳥羽天皇が譲位し、院政を始める。
元久二年（一二〇五年）	後鳥羽上皇の命で『新古今和歌集』が撰進される。
建暦二年（一二一二年）	幕府が各国の守護に大番役の派遣を命じる。
建暦三年（一二一三年）	上皇の命で武士を派遣して寺院の争いに介入する。
建保二年（一二一四年）	上皇の命で在京武士が興福寺の僧兵と戦う。
承久三年（一二二一年）	承久の乱が起こる。

守護の権限

では、なぜ後鳥羽上皇は敗れたのか。それを解くには、承久の乱を「東と西」「上と下」という二つの軸で考える必要があります。

まず東と西の違いについて考えてみましょう。前章で後鳥羽上皇の決起に加わった武士たちを紹介しましたが、後鳥羽上皇は西国の守護たちのほとんどを従わせることに成功しています。しかし、幕府軍と上皇軍ではその動員数に明らかに差があった。正確な数字ではないかもしれませんが、私の計算だと一万数千と千七百。主戦場となったのは美濃国以西ですから、むしろ地の利は上皇軍にあったはずなのにです。

この差を理解するには、守護とは地方の武士たちにどのような権限をもっていたかを調べなくてはなりません。

鎌倉時代の守護の任務は、「大犯三箇条《たいぼん》」と呼ばれる三つの仕事でした。一つ目は殺人犯の逮捕で、二つ目が謀反人の逮捕です。これはいわば警察的な側面です。

守護の軍事的な側面で最も重要なのは、三つ目の「大番《おおばん》催促」の権でした。これは任国の武士たちに対し、京都の御所を警護する大番役を務めるよう促すものです。この大番催促が重要なのは、任国の武士を京都に送り込むという仕事が、戦時においては武士の召集・統率権に転嫁すると考えられるからです。

しかし地方の武士たちにとっては、この大番役は大きな負担でした。京都への往復の交通費も、滞在費もすべて自腹なのです。この大番役の任期はおよそ一～三年で、十年に一回くらいランダムで回ってくるものでした。それも順番が決まっているわけではなく、「いま京都にいる大番役で、そろそろ三年経つ人がいる。そのかわりにお前が京都に行きなさい」と勧告するのが守護の仕事でした。

越前国の中原政康という武士は、守護の大内惟義にこんな願い状を提出しています。

〈右、くだんの大番役は、或いは先例を尋ね、或いは器量を撰びて勤むるところなり。然るに政康においては、全く弓箭《きゆうせん》を帯さず、大番役を勤むるにあたわず。先祖は兵氏にあらず、弓箭の道、永く絶ゆ〉

すなわち、大番役は先例に従い、才能のある人の中から選んできたはずだとし、その要件とは「兵氏」、武士であることと、「弓箭」、弓矢の道に長けていることだと主張します。そして自分の先祖はそもそも武士ではないし、武士としての鍛錬もしていない、だから大番役は勤まらない、と守護である惟義に懇願しているのです。この中原という武士の自己申告は、おそらく嘘です。そもそも守護が大番役を頼むのは、それなりに力を持っている武士と認めている者に限られるからです。ところが武士は武士で、この負担から逃れようとあの手この手を使っていたことがわかります。

ここで重要なのは、守護とはあくまでも将軍から任命された役人であり、任国の武士たちは守護の家来ではないということです。惟義ほどの大物武士でも、任国の武士を右から左に思うがまま動かすというわけにはいかなかったのです。

動員できたのは十分の一

では、これが実際の戦時にはどうなるのでしょうか。承久の乱に関しては、このような史料が残されています。

〈六郎と申す男、国の守護人ささきの次郎左衛門のせうに、大番のやくのために駆られて上りて京に候ゆゑに墨俣へかりくし候〉（『醍醐雑事記』）

淡路国に住む六郎という武士は守護の佐々木次郎左衛門尉経高に大番役を命じられて京

都に行かされました。そこでたまたま承久の乱が起ったため、墨俣川の戦に駆り出されたのです。逆に言えば、同じ淡路国でも大番役でない武士は戦っていない可能性が高い。実際、守護である佐々木経高が任国の武士たちに特別召集をかけた形跡はなく、彼らを統率してもいません。

つまり後鳥羽上皇が西国の守護を味方につけても、彼らは自分の支配国に動員をかけて、武士たちを根こそぎ動員することはできなかった。たまたま京都に来ている武士たちが朝廷軍として組織された、とみるほうが実情に近いと思われます。

大番役が回ってくるのがおよそ十年に一度ということは、大番役として京都にいたのは、その国が動員できるはずの武士のうち、およそ十分の一ということになります。しかも、彼らは戦うために京都に来ていたわけではありませんから、引き連れてくる郎党の数も少ない（供の数を増やすと、その分、コストがかさみ、自分の懐を痛めることになります）。当然、戦意も高くなかったのです。

かつて院政を行った白河上皇は、京都の周辺の僧兵を頼りにしました。承久の乱の後半で、「延暦寺だけが頼りだ」と後鳥羽上皇が悲痛な叫びを上げるのは、おそらく、そのことを念頭に置いたものでしょう。このとき後鳥羽上皇は、自分が動員した武士たちの戦意の低さを実感していたのだと思います。しかし、白河上皇の時代の京都を限定とした戦いであれば、戦意の高い僧兵は非常に役に立ちますが、源平合戦を経て、戦闘集団として鍛え上げられてきた武士との全国レベルの戦いではとても太刀打ちできません。

つまり、後鳥羽上皇の誤算は、武士たちを「上から」しか見られなかったことにあったのです。後鳥羽上皇は、守護さえ味方につければ、その国の武士はみな自分の味方になると計算してしまった。これはある意味、国衙を置けばその国をすべて支配したことになるという律令的（あるいは公地公民的）論理です。しかし大内惟義や藤原秀康のような上級武士たちはリクルートできても、実際に戦う現場の武士たちまでは動かすことができませんでした。これが承久の乱を決した「上と下」の軸です。

東国の守護、西国の守護

さらに重要なのは、同じ守護といっても、西国と東国ではその性格がまったく違うことです。源平の戦いの結果、西国の平家領に空白ができます。そこに関東の武士が赴いて守護に就任したのが、西国の守護でした。当然、その地には何の基盤もありません。昨日までの敵地に、いわば占領軍として乗り込んだわけですから、その国の御家人・武士を心から従わせるのは非常に難しい状況です。

源頼朝が各国に守護を設置したのは、文治元（一一八五）年のことでした。それから承久の乱までは三十年あまりしかありません。頼朝に派遣された東国出身の守護が西国に根を張るには、あまりにも短すぎました。

それに対して東国の守護たちはどうでしょう。ある者は任国を支配するとともに、幕政にも参加し、その力を強めていきます。またある者は代々、在地領主としての根拠地をベースとし、一族、仲間たちを周囲に配して、任国に根を下ろしています。またある者は、かつての有力武士を滅ぼした空白地に、凄惨な生存競争に勝利した幕府の力をバックにして乗り込んでいきます。彼らはいわば実力を背景に、守護を務めていたのです。下総の千葉氏、下野の小山氏が良い例です。

西国の守護たちの権力の源泉は、「守護というポストに任じられた」ことにあります。いわば「地位」の論理です。それに対して、東国の守護たちは大なり小なりその「実力」で、地域の武士のリーダーとして在地領主たちを結集させていました。すなわち「人」の論理です。東西の動員力の差は、「人」の論理と「地位」の論理の差でもあったのです。

それは一万数千と千七百という幕府と朝廷の動員力の違いとなって、如実にあらわれました。

権威のピラミッドvs.対面型主従関係

もうひとつ重要なのは、幕府と朝廷におけるリーダーシップのありかたの違いです。

後鳥羽上皇は親衛隊として新たに西面の武士を編成しましたが、組織として大きな欠点がありました。それは上皇と武士たちの身分が違い過ぎて、直接、会話を交わすことができなかったことです。

これは現場の武士はもちろんのこと、指揮官クラスの上級武士、たとえば大内惟義でさえも、上皇と直に話はできず、第五章に記した鴨川の堤の一件であれば、日野資実《すけざね》という貴族を通して意思伝達を行っていたのです。その隔たりが大きければ大きいほど、上位者の権威は強大になる。この「権威のピラミッド」が身分制に基づく朝廷型リーダーシップです。

それに対して、鎌倉幕府の組織原理である「御恩」と「奉公」は、将軍と御家人が一対一で向き合う主従関係です。

源頼朝は挙兵の際、自分の周りに集まった武士たちを一人ずつ自分の部屋に呼び出します。そして「たくさん武士はいるけれど、本当に頼みにしているのはお前だけだ」と全員に訴えたのです。もちろん彼らとて馬鹿ではありませんから、頼朝が他の武士にも声をかけていることはわかっていたでしょう。しかし、頼朝自ら顔を突き合わせて「お前だけが頼りだ」と言ってくれることには、やはり特別な意味があったのです。そこには一対一の「契約」が生まれるからです。頼朝がつくった鎌倉幕府の軍事力を支えていたのは、「主人のために俺は死ねる。そして主人は俺の一族を命がけで守ってくれる」という信頼でした。

他人を信用できない自力救済の世界を生き抜いてきた武士が信じられるものとは何だったのか。それが、命がけで利害を共有し、対面で信頼を伝え合う、一対一の関係に基づいた幕府型リーダーシップだったといえるでしょう。

第九章　承久の乱がもたらしたもの

承久三年（一二二一年）	七月二日、官軍に加わった御家人が処刑される。 同月九日、仲恭天皇が退位させられる。後堀河天皇が即位する。 同月、後鳥羽上皇は隠岐、順徳上皇は佐渡にそれぞれ流される。 八月、幕府が官軍に加わった武士・公家の所領を没収する。 閏十月、土御門上皇が土佐に流される。 北条泰時は京都・六波羅に滞在し政務を行う。 （六波羅探題の成立）
貞応三年（一二二四年）	北条義時が亡くなり、北条泰時が執権になる。
嘉禄二年（一二二六年）	九条頼経が四代将軍になる。
貞永元年（一二三二年）	北条泰時が御成敗式目を定める。

過酷な戦後処理と武士の論理

では最後に、この乱の結末をみていきたいと思います。

幕府軍の総大将、北条泰時は幕府の京都支社として六波羅探題《ろくはらたんだい》を設置し、その「北方」を掌握しました。やはり幕府軍を率い、六波羅探題南方に就任した叔父の北条時房とともに戦後処理にあたります。その最大の特徴は、徹底した武士の論理による処断をおこなったことでした。

まず承久三（一二二一）年七月二日、後藤基清、五条有範《ありのり》、佐々木広綱、大江能範《よしのり》といった、官軍に加わった首謀者クラスの御家人たちが首を斬られた上に晒されます。

〈この者らは皆、関東の被官の武士である。右大将家（源頼朝）の恩を受けて数箇所の庄園を賜り、右府将軍（源実朝）の推挙により五位に昇った。たとえ勅命を重んじたとしても、どうして精霊（頼朝・実朝）の照らすところに恥じないことがあろうか。すぐにその御恩を忘れて遺塵を払おうとするのは、全く弓馬の道ではないと、人々は彼らを嫌ったという〉

と『吾妻鏡』に記されています。官軍に加わった者は、頼朝の恩を忘れ、弓馬の道にすら反するというわけです。

最初に京都守護の伊賀光季を襲った三浦胤義は、兄・三浦義村の軍勢に攻められ、自害。東国に残してきた幼子まで殺されました（同じく光季を襲った大江親広は行方不明）。乱の後、十年近く逃亡を続け、流罪となった（つまり命は助かった）大内惟信は例外的な存在でしょう。

同じ一族でも、一方はたまたま京都にいたために官軍に加わり、他方は幕府軍として上洛したというケースは少なくありません。そのとき勝者は、官軍に加わった親族を助けるどころか、三浦義村のように、むしろ、その命を奪うのです。

処刑された佐々木広綱の子どもたちはほとんどが戦死していましたが、わずか十余歳の勢多伽丸《せいたかまる》は仁和寺の道助入道親王（後鳥羽上皇の子）に育てられ、出家していました。この少年も父・広綱に連座して捕えられます。

当初、泰時は戦に関係のないこの少年の命を救おうと考えました。ところが、その裁定に異を唱えたのが叔父である佐々木信綱でした。宇治川の戦いで軍功著しかった信綱に強くいわれ、勢多伽丸の身柄を信綱に預けたところ、すぐに信綱は勢多伽丸の首を斬ってしまうのです。

これは土地と家督が深く関わっています。信綱にしてみれば、兄の一族を全滅させてしまえば、領地や一族の長の座が手に入る。これがサバイバルを生き抜いた関東武士の論理だったのです。

さらに衝撃的だったのは、後鳥羽上皇の側近の貴族たちが次々と処刑されたことでした。武士たちにとっては、負ければ死が待っているというのは、ある意味、当たり前のことでした。しかし、平安時代の長きにわたり、貴族は政争に敗れても、基本的には命は取られませんでした。そこには貴族たちの死に対する忌避感もあったでしょう。

しかし、幕府はそうした朝廷の慣習を顧慮することなく、一条信能《のぶよし》（参議）、葉室光親《はむろみつちか》（前権中納言）、葉室宗行《むねゆき》（前権中納言）、源有雅（前権中納言）といった権臣たちをただちに斬罪し、高倉範茂《のりしげ》（参議）は自ら入水による死を選びました。これはまさに武士のルールが朝廷にも適用されることを示すものでした。

また、追放されたものも数多くいます。貴族たちへの処断は朝廷に大きな衝撃を与えました。

三上皇配流

そして、その処分はついに皇室にも及びます。朝廷の最高実力者、後鳥羽上皇の隠岐配流です。いくら律令を探しても、上皇、ましてや治天の君を処罰する規定などありません。後鳥羽の流刑は、戦いのルールに則した幕府の裁きに例外はありえないことを意味しました。次に順徳上皇（後鳥羽上皇の次男）は佐渡に、土御門上皇（後鳥羽上皇の長男）は土佐（後に阿波）にそれぞれ流されます。土御門上皇は、父とは違い、幕府との対立を望まなかった人で、義時も無罪でいいと考えていましたが、本人の希望により配流となりました。

もうひとつ大きいのは、天皇を退位させたことです。義時は、順徳上皇の長男で、当時わずか四歳だった仲恭《ちゅうきょう》天皇を無理やり天皇の位から引きずりおろしました。鎌倉幕府の将軍・九条頼経の従兄弟でもあった仲恭天皇は、承久の乱が始まる直前の四月二十日に順徳天皇から譲位され、七月九日に退位させられるという在位七十八日の天皇で、即位の儀式も行なわれていません。そのため諡号《しごう》も与えられず、十七歳で亡くなるまで生家の九条家に住まわせられたため「九条廃帝」などと呼ばれ、歴史からもほとんど抹殺されかけていました。明治になって初めて「仲恭天皇」という名前を与えられたという悲劇の天皇です。

幕府の狙いは、後鳥羽上皇の血統を天皇家から排除することでした。そこで、後鳥羽上皇の兄、守貞《もりさだ》親王の息子を後堀河天皇として即位させます。つまり、天皇の位を幕府が決定するようになったのです。日本史の大きな転換点でした。それに対して、朝廷はなんら抵抗の手段がありませんでした。

少し時代が下りますが、ここで、また問題が起きます。後堀河天皇に次いで、その子どもである四条天皇が即位したのですが、十二歳の時に事故で亡くなります。すると、後堀河天皇の系統が途絶えてしまったのです。

当時の貴族たちは、後鳥羽直系で、順徳天皇の子である忠成王こそ次期天皇にふさわしいと考えました。しかし、執権である北条泰時はこれを断乎拒否し、京都に派遣した安達義景《よしかげ》に「もし忠成王が即位したら武力で引きずり降ろせ」とまで命じます。結局、後鳥羽系ながら幕府協調路線だった土御門上皇の息子である邦仁《くにひと》王が後嵯峨天皇として即位することになります。このように承久の乱以後も、幕府はむき出しの暴力を垣間見せることで、朝廷をコントロールし続けました。

天皇の人事権とともに、後鳥羽上皇の経済的基盤となった荘園にも、幕府は手をつけます。かつて平家を倒した際には五百カ所もの領地（平家没官領）が、幕府のものとなりました。これを御家人たちに分け与えることで、鎌倉幕府は基盤を固めていきます。承久の乱で幕府が得た後鳥羽系の荘園は実に三千に及びました。平家領の六倍の荘園を手に入れたことで、幕府＝北条政権は磐石のものとなったのです。

これはそれまで東国中心だった幕府の支配領域を、一気に日本全国に広げるものでした。旧皇室領の荘園に新たに地頭を配置することで、多くの東国の武士たちが大量に豊かな西国に移動しました。こうして日本全国に広がった武士たちが、南北朝、戦国の混乱期を生き抜き、六百五十年近くこの国を支配するようになったのです。

その後の幕府と朝廷

こうして承久の乱は終わり、いわゆる「武士の世」が始まります。

ここで興味深いのは、だからといって幕府が一元的にこの国を支配した、とはいえないことです。幕府が優位に立ちながら、朝廷という王権も残り、その相互作用によって歴史は動いていきます。それを語るには、『鎌倉時代とは何か』というまた別の本を書かなくてはなりません。

ここでは承久の乱後、朝廷はいかに生き残りをはかったか、そしてテロと陰謀の連続だった鎌倉幕府がいかにして統治者としての振る舞いを身につけ、政権を安定化させたかを述べて、結びとしたいと思います。

手痛い敗戦によって、朝廷は二つの意味で大きな打撃を受けました。ひとつは先にも述べたように、権力基盤としての武力を失ってしまったことです。私たちは「武力がなくなると平和になる」と錯覚しがちですが、実際は逆で、揉め事の最終的な解決手段がなくなってしまうのです。そして、もうひとつは朝廷の権威が大暴落したことでした。それまでの朝廷は、「昔から続いているから自分たちは偉い」「偉いから偉いんだ」という自他の思い込みによって存立してきたといえます。ところが承久の乱に敗れたため、自分たちも自信を失ったばかりか、これまでその権威を頼って、荘園を寄進し税を納めてきた人々も、「やっぱり朝廷には力がなかった。税金を払っても意味がないんじゃないか」と思うようになってしまいました。

サービスする朝廷

事実、朝廷の税収は激減し、官位を求める貴族からの献金も減っていきます。このピンチに、朝廷は税金を払ってもらうための新たな理由付けを考えなければならなくなったのです。そこで朝廷が「権威」「伝統」に代わる新たな売り物として見出したのが「サービス」でした。

承久の乱後、朝廷は「雑訴《ざっそ》の興行」と「人材の抜擢」を打ち出します。雑訴とは、読んで字の如く、雑多な裁判のことです。当時の揉め事のほとんどを占めるのは、土地をめぐる争いでした。朝廷は、この土地問題を一所懸命に裁定すると宣言したのです。そして、その裁判を、主に下級貴族から抜擢した人材に裁かせました。

これまでの貴族社会で必要とされた「能力」といえば、なんといっても儀式です。上級貴族たちは、あの儀式はどういった手順で行い、席順は誰それが上座で、といったことをわきまえ、適切な振る舞いが出来れば、それでＯＫでした。税金を計算したり、財産の管理をしたりといった実務は下級貴族の仕事です。そうした実務能力が評価されるようになったのです。

では、こうした裁判は何に基づいて裁くのか？　私たちは当然「法律」と答えるところです。この時代なら「律令」でしょうか。ところが違いました。朝廷が根拠としたのは正邪理非、つまり「世の中の道理」です。いいかえれば常識、輿論《よろん》、空気です。

しかし、それでは納得しない人たちがいました。たとえば比叡山延暦寺、春日大社などの寺社勢力です。貴族と違って、寺社は武装解除しておらず、「みんなが間違っているといっても、自分たちには自分たちの正義がある。自分の領地は絶対に譲らない」と僧兵や神人《じにん》を動員して暴力で恫喝（強訴《ごうそ》といいます）してきました。すると、武力を放棄した朝廷にはなす術がありません。武力がないからどうしようもないのです。

そのときに朝廷が頼ることになったのは、結局、幕府の武力でした。そこで重要な役割を果たしたのが、承久の乱で幕府側に味方した西園寺家でした。幕府は西園寺家に非常な恩義を感じ、朝廷と幕府の間に立つ「関東申次《もうしつぎ》」とします。石清水八幡宮や奈良の興福寺などが朝廷に従わず、神人や僧兵で攻めてきた場合、関東申次を通して幕府に頼み、六波羅探題の軍事力を動かしてもらう。まるで戦後の日米同盟のような構図が出来上がったのです。

法を定める幕府

一方、幕府はどうなったのでしょうか。承久の乱から三年後の貞応《じょうおう》三（一二二四）年、北条義時が亡くなり、北条家初代として源頼朝の隣に葬られます。その跡を継いだのが、息子の北条泰時でした。泰時は、承久の乱の後京都に滞在し、六波羅探題として政治を行っていました。義時の急死を受け鎌倉に帰った泰時は、力と力のぶつかり合いだけではない支配のあり方、「法の支配」を幕府に持ち込むことを決意するのです。この泰時の判断には、京都で律令などの存在を知ったことが影響しているでしょう。

しかし、律令では古すぎて、また現実離れしていて使い物にはなりません。そこで泰時は自分たちのリアリティに即した新しい法を作ろうと考えます。これが貞永《じょうえい》元（一二三二）年に制定された、世に名高い御成敗式目でした。

さらに泰時は連署《れんしょ》（執権の補佐役）、評定衆（行政、司法、立法の最高機関）を置きます。頼家のときの合議制は将軍の権力を抑制するものでしたが、泰時はむしろ執権の権力を強化するために、行政機構を整えました。将軍の採決権は、泰時の時期に執権に集約されます。これにより本格的な「執権政治」がはじまったのです。

法律によって、誰の目にも明らかな紛争解決のルールを示す。しかも、幕府は御成敗式目を補う追加法によって、御家人だけではなく、その他の武士や百姓まで訴訟の当事者たりうることを明示するようになります。ここにおいて幕府は、力による支配者から、民を統治する存在として立ち現われることになるのです。

承久の乱に敗れた朝廷はそれまでの「上からの」、権威による支配が不可能になり、裁判などのサービスを提供するようになる。そして幕府は自力救済オンリーの「万人の万人に対する闘争」状態を脱し、法による統治と、民を慈《いつく》しむ「撫民《ぶみん》」を志向するようになる。これは言い換えれば、日本という国のメインプレイヤーが、貴族から武士という在地領主へ、そしてそれ以外の一般の民へと広がっていく過程でもあります。その大きな画期となったのが、承久の乱だったのです。

あとがき

ちゃんとした日本史の本を出すのはなかなか難しい。この「ちゃんとした」というのは、ちゃんと然るべき史料に基づいている、ということです。人気のある小説やドラマに乗っかって自分の想像を加えていくような本ならば何とかなるのでしょうけれど、良いソースを選別して読み込んで、歴史の本を書くのは難しい、ということです。

ああ、こう書いたからといって、史料に基づいて構想を練ること、広く皆さんに納得してもらえる理論を編み出すことが難しい、という方向で論を立てるつもりではないのです。それは、日本史のみならず、どの研究分野にも言えることですから。そうした本筋の話はまた改めて考えることとし、ここでは本作りの副次的なことを指摘したい。

一つは書き手の側の問題。日本史研究者にはまだまだ頑迷なところがあって、「一般の人に向けて本を書くなど、良心的な研究者のなすべきことではない」と本気で思っている人がたくさんいます。ぼくは社会に浸透してこその歴史学だ、と思っているので機会があればせっせと本を書いているのですが、こういう行為は「研究実績」とは認められないのが現状です。

ぼくの本を読んだ上で「これはなってない」と批判するならまだ納得できるのですが、「一般書（そもそもこの呼び方が差別的ですよね）はダメだ」と頭ごなし。それで、矛盾してるなーと思うのが、こういう人に限って唯物史観を奉じていたりする。いや、ぼくは共産主義は立派な思想だと認めますが、「世のため、人のため」を重視するのがこの考え方ではないの？　なぜ社会に向けて「少しでも良質な歴史を」と努めることが「歴史学の堕落だ！」という評価になるのか、全く分からない。

まあ、そんなわけで、「おもしろく、わかりやすく」最新の歴史学の成果を伝えようとする書き手は、実は限られてしまうのです。まあ、仕方ない。ぼくが学界で叩かれるのはがまんするとして、頑迷な世代はそのうち引退していくでしょうから、ここは若い世代に期待しましょう。……いや、しかし。そんなに悠長なことは言ってられない気もするんですよねえ。

そこで、もう一つの編集者の側の問題。「いま」本が売れない時代であるのは、わざわざ指摘するのもアホらしい、自明のことです。みんな、とくに若い世代が本を読まなくなった。紙媒体は時代遅れだとか、流通の仕組みに問題ありとか、そうしたことはさておいて、ともかく日本人は本を読まなくなったし、買わなくなった。

こうなると出版社は、きつい。かつては「あっち」で儲かる本を作って、その利潤を回してきて「こっち」で（たとえ売れなくても）良い本を作る、という芸当ができた。ところが、いまはそんな余裕はありません。ともかく「売れる本」を作らなくてはならない。

本作りを一生の仕事にしようというのだから、編集者は基本的に、「良い本」を作りたいと思っているはずです。でも出版は商売であって、慈善事業ではありませんから、このきつい環境のもと、「良い本」から学問の要素が抜け落ちていく趨勢は止められません。とくに「おもしろく、わかりやすく」を一顧だにしないような、いわば独善的な学問本にはもはや用はないのです。研究者がむやみに重んじる「研究に忠実、むずかしい」ものでなくても、「良い本」は工夫次第で作れるのですから。

ぼくはそもそもが、鎌倉時代を専門分野とする研究者です。源頼朝が鎌倉幕府を立ち上げていくところ、頼朝がなくなったあと、権力闘争が繰り広げられて北条政権が誕生するところはまことに興味深い、と思っています。でもこのあたりのことって、なかなか大河ドラマにもならないし、大ヒット小説もないので、みなさんには縁が無い。頼朝は弟の義経を殺したから「ワルいヤツ」。北条義時、だれそれ？　まあ、その程度です。いや、これはやりがいがある。「おもしろく、わかりやすく」書けたらいいな。それがぼくの長いあいだの願いでした。

二〇一八年の初めだったと思います。ある有名な出版社の編集さんが、一緒に仕事をしないか、と声をかけてくれました。そこでぼくは、このプランを提案してみたのです。鎌倉を舞台にした武士勢力の興亡はどうか、と。編集さんもそれは興味深い！　と評価してくれました。お、これは念願が叶うかな、と思っていたのですが、いざ編集会議にこの企画を諮《はか》ったところ、エラいさんから厳しくダメ出しを食らったそうです。「ばかやろう！そんな企画はてんでダメだ。あのなあ、鎌倉幕府なんてものはなかった！　それくらいのことを大学のセンセイに言わせなきゃあ、本なんて売れないんだよ！」

いやあ、これが現実だよねえ。厳しいなあ……。しょんぼりするぼくの前ににこやかに現れたのが、文藝春秋の前島篤志さんでした。本郷さん、承久の乱で一冊作りましょうよ。なに？　鎌倉武士の権力を巡る闘争の結果としての承久の乱を語りたい？　いいじゃない、その視点。やろう、やろう。

ああ、前島さん、あなたなら分かってくれると思っていたよ。というわけで、ノリノリで書いたのが本書です。承久の乱は何しろ史料が少ないので、この時代をきちんと理解していないと書けません。エラそうに言わせていただきますと、構想二十年、鎌倉幕府とは何か、をずっと考え続けていたぼくだからこそ書けた本だと自負しています。いつもはこんな夜郎自大なことは言わないのですが、今回は特別です。えへん！

鎌倉幕府って何？「武士の、武士による、武士のための政権」。「源頼朝とその仲間たち、から、北条義時とその仲間たち、へ」。こういうのって単純そうに見えるけれど、思いつくまでにはものすごく時間がかかるし、苦労しているんですよ。コロンブスの卵ってヤツです。いやまあ、ぼくに才能がないだけかもしれませんが。

というわけで、何より前島さんに感謝です。前島さんの勧めがあったからこそ、本書ができました。同時に、文藝春秋という会社の懐の深さにも敬意を表したいと思います。某社が見向きもしなかったこんな企画に乗って下さって、ありがとうございました。担当の水上奥人さん、ありがとう。また本書を購入して下さった皆さんにも深い感謝を捧げます。買わないで図書館で借りて読んだ？ うーん、まあ、ありがとうございます。え？ 立ち読みしてる最中？ 良い本ですから、ぜひ買って下さい。たのみます……。

平成三十年十二月吉日　　本郷和人

本郷和人（ほんごう　かずと）
1960年東京都生まれ。東京大学史料編纂所教授。東京大学・同大学院で石井進氏、五味文彦氏に師事し、日本中世史を学ぶ。著書に『新・中世王権論』（文春学藝ライブラリー）、『日本史のツボ』（文春新書）、『軍事の日本史』（朝日新書）、監修に『東大教授がおしえる　やばい日本史』（ダイヤモンド社）など多数。

文春新書

1199

承久《じょうきゅう》の乱《らん》　日本史《にほんし》のターニングポイント

2019年 1 月20日　第1刷発行
2021年11月20日　第6刷発行

著　　者　　本　郷　和　人
発 行 者　　大　松　芳　男
発 行 所　株式会社　文　藝　春　秋

〒102-8008　東京都千代田区紀尾井町 3-23
電話（03）3265-1211（代表）

印 刷 所　　理　想　社
付物印刷　　大 日 本 印 刷
製 本 所　　大　口　製　本

定価はカバーに表示してあります。
万一、落丁・乱丁の場合は小社製作部宛お送り下さい。
送料小社負担でお取替え致します。

ISBN978-4-16-661199-7

◆日本の歴史

渋沢家三代 佐野眞一
古墳とヤマト政権 白石太一郎
昭和史の論点 坂本多加雄・秦 郁彦・半藤一利・保阪正康
謎の大王 継体天皇 水谷千秋
謎の豪族 蘇我氏 水谷千秋
謎の渡来人 秦氏 水谷千秋
継体天皇と朝鮮半島の謎 水谷千秋
大名の日本地図 中嶋繁雄
決定版 日本の剣豪 中嶋繁雄
あの戦争になぜ負けたのか 半藤一利・保阪正康・中西輝政・戸髙一成・福田和也・加藤陽子
日本のいちばん長い夏 半藤一利編
昭和陸海軍の失敗 半藤一利・秦 郁彦・平間洋一・保阪正康・黒野 耐・戸髙一成・戸部良一・福田和也
昭和の名将と愚将 半藤一利・保阪正康
徹底検証 日清・日露戦争 半藤一利・秦 郁彦・原 剛・松本健一・戸髙一成
日本型リーダーはなぜ失敗するのか 半藤一利
「昭和天皇実録」の謎を解く 半藤一利・保阪正康・御厨 貴・磯田道史

大人のための昭和史入門 半藤一利・船橋洋一・出口治明・水野和夫・佐藤 優・保阪正康他
21世紀の戦争論 半藤一利・佐藤 優
なぜ必敗の戦争を始めたのか 半藤一利
十七歳の硫黄島 秋草鶴次
山県有朋 伊藤之雄
指揮官の決断 早坂 隆
永田鉄山 昭和陸軍「運命の男」 早坂 隆
ペリリュー玉砕 早坂 隆
硫黄島 栗林中将の最期 梯 久美子
日本人の誇り 藤原正彦
天皇陵の謎 矢澤高太郎
児玉誉士夫 巨魁の昭和史 有馬哲夫
伊勢神宮と天皇の謎 武澤秀一
藤原道長の権力と欲望 倉本一宏
江戸の貧民 塩見鮮一郎
戦後の貧民 塩見鮮一郎
日本軍はなぜ満洲大油田を発見できなかったのか 岩瀬 昇
予言者 梅棹忠夫 東谷 暁

火山で読み解く古事記の謎 蒲池明弘
邪馬台国は「朱の王国」だった 蒲池明弘
「馬」が動かした日本史 蒲池明弘
文部省の研究 辻田真佐憲
古関裕而の昭和史 辻田真佐憲
写真で見る日めくり日米開戦・終戦 共同通信編集委員室
暴かれた伊達政宗「幕府転覆計画」 大泉光一
大日本史 山内昌之・佐藤 優
日本史のツボ 本郷和人
承久の乱 本郷和人
権力の日本史 本郷和人
元号 所 功・久禮旦雄・吉野健一
歴史の余白 浅見雅男
明治天皇はシャンパンがお好き 浅見雅男
皇位継承 高橋 紘・所 功
江戸のいちばん長い日 安藤優一郎
江戸の不動産 安藤優一郎
西郷隆盛と西南戦争を歩く 正亀賢司

姫君たちの明治維新　岩尾光代
日本史の新常識　文藝春秋編
日本プラモデル六〇年史　小林　昇
仏教抹殺　鵜飼秀徳
昭和天皇 最後の侍従日記　小林　忍＋共同通信取材班
令和を生きるための 昭和史入門　保阪正康
内閣調査室秘録　志垣民郎 岸　俊光編
木戸幸一　川田　稔
「京都」の誕生　桃崎有一郎
皇国史観　片山杜秀
昭和史がわかる ブックガイド　文春新書編
遊王　徳川家斉　岡崎守恭
東條英機　一ノ瀬俊也
信長　空白の百三十日　木下昌輝
感染症の日本史　磯田道史
平安朝の事件簿　繁田信一

◆文学・ことば

翻訳夜話　村上春樹 柴田元幸
翻訳夜話2 サリンジャー戦記　村上春樹 柴田元幸
漢字と日本人　高島俊男
語源でわかった！ 英単語記憶術　山並陞一
すごい言葉　晴山陽一
危うし！小学校英語　鳥飼玖美子
外交官の「うな重方式」英語勉強法　多賀敏行
名文どろぼう　竹内政明
「編集手帳」の文章術　竹内政明
ビブリオバトル　谷口忠大
新・百人一首　岡井　隆・馬場あき子 永田和宏・穂村　弘選
劇団四季メソッド「美しい日本語の話し方」　浅利慶太
芥川賞の謎を解く　鵜飼哲夫
司馬遼太郎に日本人を学ぶ　森　史朗
週刊誌記者　近松門左衛門　鳥越文蔵監修 小野幸惠
昭和のことば　鴨下信一
ビジネスエリートの新論語　司馬遼太郎
オッペケペー節と明治　永嶺重敏
世界はジョークで出来ている　早坂　隆
一切なりゆき　樹木希林
天才の思考　鈴木敏夫
いま、幸せかい？　滝口悠生選
英語で味わう万葉集　ピーター・J・マクミラン
歎異抄　救いのことば　釈　徹宗

◆政治の世界

- 民主主義とは何なのか　長谷川三千子
- 拒否できない日本　関岡英之
- 司馬遼太郎 リーダーの条件　半藤一利・磯田道史・鴨下信一他
- 自滅するアメリカ帝国　伊藤　貫
- 新しい国へ　安倍晋三
- 憲法改正の論点　西　修
- ニッポンの大問題　池上　彰
- 日本に絶望している人のための政治入門　三浦瑠麗
- あなたに伝えたい政治の話　三浦瑠麗
- 政治を選ぶ力　橋下　徹・三浦瑠麗
- 国のために死ねるか　伊藤祐靖
- オバマへの手紙　三山秀昭
- 安倍晋三「保守」の正体　菊池正史
- 田中角栄 最後のインタビュー　佐藤　修
- 安全保障は感情で動く　潮　匡人
- 日米同盟のリアリズム　小川和久
- 軍人が政治家になってはいけない本当の理由　廣中雅之
- 小泉進次郎と福田達夫　田﨑史郎
- 日本よ、完全自立を　石原慎太郎
- 内閣調査室秘録　志垣民郎・岸　俊光編
- 軍事と政治 日本の選択　細谷雄一編
- 兵器を買わされる日本　東京新聞社会部
- 地方議員は必要か　NHKスペシャル取材班
- 知事の真贋　片山善博
- 政治家の覚悟　菅　義偉

◆アジアの国と歴史

- 「南京事件」の探究　北村　稔
- 韓国併合への道 完全版　呉　善花
- 侮日論　呉　善花
- 韓国「反日」の真相　澤田克己
- 「暗黒・中国」からの脱出　顔　伯鈞・安田峰俊編訳
- ルポ 絶望の韓国　牧野愛博
- 韓国を支配する「空気」の研究　牧野愛博
- 「中国」という神話　楊　海英
- 独裁の中国現代史　楊　海英
- 劉備と諸葛亮　柿沼陽平
- 王室と不敬罪　岩佐淳士
- キャッシュレス国家　西村友作
- 性と欲望の中国　安田峰俊
- 日本の海が盗まれる　山田吉彦
- インドが変える世界地図　広瀬公巳
- 反日種族主義と日本人　久保田るり子

本郷和人
日本史のツボ
土地、宗教、軍事、経済、地域、女性、天皇。七大テーマを押さえれば、日本史の流れが一気につかめる。人気歴史学者の明快日本史
1153

山内昌之・佐藤　優
大日本史
博学無双の二人が、幕末から太平洋戦争までの「日本の最も熱い時代」を徹底討論。「日本とは何か」「日本人とは何か」が見える！

1150

坂本多加雄・秦　郁彦・半藤一利・保阪正康
昭和史の論点
日本は進路を誤ったのか。戦前は「暗黒」だったのか。ワシントン体制から戦争責任まで、現在にまで尾をひく諸問題を徹底討論する
092

蒲池明弘
邪馬台国は「朱の王国」だった
水銀と原料の朱は古代、大変な価値があった。その主産地は近畿と九州。邪馬台国論争や神話の解釈に新たな光をあてる「朱」の古代史
1177

岩尾光代
姫君たちの明治維新
お城やお屋敷の奥深くで蝶よ花よと育てられた姫君たちを襲った時代の大波。悲しく、儚く、だけどどこか逞しい女たちの明治維新物語
1184